CB030223

POLÍTICA CULTURAL E ECONOMIA DA CULTURA

JOSÉ CARLOS DURAND

POLÍTICA CULTURAL E ECONOMIA DA CULTURA

Dados Internacionais de Catalogação na Publicação (CIP)
(Câmara Brasileira do Livro, SP, Brasil)

Durand, José Carlos
Política Cultural e Economia da Cultura / José Carlos Durand. – Cotia, SP: Ateliê Editorial; São Paulo: Edições Sesc SP, 2013.

ISBN 978-85-7480-630-3 (Ateliê Editorial)
ISBN 978-85-7995-058-2 (Edições Sesc SP)

1. Cultura 2. Cultura – Aspectos econômicos 3. Política cultural I. Título.

13-01045 CDD-306

Índices para catálogo sistemático:
1. Sociologia da cultura 306

ATELIÊ EDITORIAL
Estrada da Aldeia de Carapicuíba, 897
06709-300 – Granja Viana – Cotia – SP
Telefax: (11) 4612-9666
www.atelie.com.br / contato@atelie.com.br

SESC
Avenida Álvaro Ramos, 991
03331-000 – Belenzinho – São Paulo – SP
Tel. (11) 2227-7476
www.sescsp.org.br

Impresso no Brasil 2013
Foi feito o depósito legal

A Laura, filha querida.

Agradeço a Tássia Toffoli Nunes e a Valmir de Souza, pela leitura e discussão.
A Gislaine Maria da Silva, pela revisão técnica minuciosa.
Ao Sesc SP, através do Centro de Pesquisa e Formação,
pela iniciativa da coedição.

Sumário

Apresentação 15

Política, Gestão e Economia da Cultura – *Valmir de Souza* 17

Parte 1 – POLÍTICA CULTURAL 21

1. CULTURA COMO OBJETO DE POLÍTICA PÚBLICA 23
   - *1.1. A Falta de Visão Sistêmica e de Complementaridade na Gestão Cultural* 25
   - *1.2. Fontes e Modos de Financiamento da Cultura* 28
   - *1.3. A Questão do "Lado Faltante"* 30
   - *1.4. A Questão do "Tabu da Qualidade"* 31
   - *1.5. Descaso para com as Instâncias de Consagração* 33
   - *1.6. Considerações Finais* 35

2. PROFISSIONALIZAR A ADMINISTRAÇÃO DA CULTURA 37
   - *2.1. Introdução* 37
   - *2.2. Fundamentos de Política Cultural* 39
   - *2.3. Amadorismo em Administração da Cultura* 39
   - *2.4. Profissionalismo na Área Cultural* 41
   - *2.5. Os Eixos Teóricos de Formação do Agente Cultural* 45
   - *2.6. Os Eixos Práticos da Formação do Agente Cultural* 46

3. PATROCÍNIO EMPRESARIAL E INCENTIVOS FISCAIS À CULTURA NO BRASIL: ANÁLISE DE UMA EXPERIÊNCIA RECENTE 49
3.1. Introdução 49
3.2. A Experiência de Incentivos Fiscais à Cultura no Brasil: 1986-1995 53
3.2.1. A legislação federal: Lei Sarney e Lei Rouanet 53
3.2.2. A legislação estadual e municipal criada a partir de 1990...56
3.3. Traços das Leis de Incentivo 56
3.4. Resultados Alcançados e Perspectivas 60

4. PREMIAÇÕES COMO INSTRUMENTO DE POLÍTICA CULTURAL: UMA PROPOSTA PARA A AMÉRICA LATINA 63
4.1. Introdução 63
4.2. Função dos Prêmios na Vida Cultural 64
4.3. Enfraquecimento das Instâncias de Consagração Eruditas: 1970-2000 66
4.4. Política, Economia e Gestão Cultural: Brasil e América Latina ...68
4.5. América Latina em Tempos de Multipolaridade e Descentramento 73
4.6. A Proposta 77

5. CRÍTICA DE ARTE: CÔMODA IRRESPONSABILIDADE E MISSÃO NÃO CUMPRIDA 79

6. POLÍTICA CULTURAL NA VIRADA DO MILÊNIO: TENDÊNCIAS INTERNACIONAIS E O CASO DOS EUA 85
6.1. Introdução 85
6.2. Políticas Culturais: Perspectiva Histórica e Impasses na Virada do Milênio 86
6.3. Estados Unidos: Traços Históricos da Relação entre Artes, Política e Administração 94
6.4. Estados Unidos: Questões de Política e Financiamento à Cultura na Virada do Século 100
6.5. Observações Finais 118

Parte 2 – ECONOMIA DA CULTURA 121

1. SUGESTÕES PARA O CULTIVO E A DIFUSÃO DA ECONOMIA DA CULTURA NO BRASIL 123
1.1. Introdução 123
1.2. O Foco Teórico-empírico 125
1.3. O Foco da Política Cultural 129
1.4. O Foco da Difusão do Conhecimento 136

2. INDICADORES CULTURAIS: PARA USAR SEM MEDO 141

3. AS ECONOMIAS DA CULTURA 147
3.1. Introdução 147
3.2. A Economia da Gestão Pública Nacional de Cultura 148
3.3. A Economia dos Bancos Públicos e das Agências de Fomento 151
3.4. A Economia dos Mercadólogos 154
3.5. A Economia dos Acadêmicos 158
3.6. Considerações Finais 162

4. ECONOMIA E SOCIOLOGIA DA CULTURA: POTENCIAL DA PARCERIA FRANÇA-BRASIL 167

REFERÊNCIAS BIBLIOGRÁFICAS 173

Apresentação

Os quinze anos que vão de 1995 a 2010 correspondem aos mandatos duplos dos presidentes Fernando Henrique Cardoso e Luis Inácio Lula da Silva. A inspiração neoliberal do primeiro e a revalorização do Estado como suporte de políticas públicas, pelo segundo, definiram um contraste com implicações sérias na história política e administrativa brasileira.

Embora a cultura não esteja entre as áreas mais decisivas da ação de governo, nela também repercutiram as diferenças de ênfase entre um e outro. Nos tempos de FHC, o recurso dos incentivos fiscais para atrair o interesse da iniciativa privada em cultura foi celebrado ao exagero como solução para paliar a crônica deficiência de dinheiro para fomento a projetos artísticos.

Com a chegada do PT ao governo federal, em 2003, uma agenda mais rica se colocou: orçamento maior, ampliação do quadro funcional, financiamentos do BNDES e uma decidida orientação de dar ao MinC uma ação socialmente mais inclusiva e mais voltada às culturas populares. A escassez de estatísticas culturais começou a ser removida, tornando possível se pensar em economia da cultura. Tudo isso sem que a política de incentivos fiscais fosse descontinuada, muito pelo contrário.

Os onze artigos aqui incluídos foram escritos nesse período, quando também começaram a se rotinizar debates públicos acerca de política cultural. Como pesquisador e coordenador de curso de gestão cultural (na FGV/SP), vi-me instado a contribuir para eventos, no Brasil ou no exterior.

França, Inglaterra e Estados Unidos, entre outras nações desenvolvidas, apareciam todo o tempo como "modelos" de política cultural a serem tomados como referência para se pensar as relações entre governo, sociedade civil, comunidade artística, público receptor e mundo corporativo. Em suma, entender política cultural passava pela necessidade de pensar em termos comparativos, o que também está contemplado neste volume. Preciso esclarecer também que alguns dos textos aqui presentes não decorreram de questões em debate, mas sim de reflexões que, como sociólogo da cultura, eu me colocava.

Espero, com a publicação deste volume, estar contribuindo para a preservação da memória de uma época, e, assim, para evitar a propensão, tão corriqueira entre os que acabam de chegar ao poder, de condenar ao esquecimento, ao início de cada mandato, as experiências de gestões anteriores, em seus erros e em seus acertos.

José Carlos Durand

Política, Gestão e Economia da Cultura

Nos anos 1990 tive os primeiros contatos com textos de José Carlos Durand, quando ele coordenava um curso de administração cultural na FGV/SP. Em 2011, vim a conhecê-lo pessoalmente em reuniões de um grupo de pesquisa, quando então começamos a trocar ideias acerca de questões culturais.

Num desses encontros Durand apresentou-me alguns textos que pretendia publicar como antologia. Após lê-los, também considerei pertinente e oportuna sua publicação, pois que, além de desdobrar indagações sociológicas já presentes em seu conhecido estudo *Arte, Privilégio e Distinção*[1], as articulava à luz da emergente perspectiva da política cultural.

Esta perspectiva só fez crescer desde então; hoje em dia o assunto movimenta um surpreendente número de publicações, encontros, seminários, debates e de formação de redes virtuais, enquanto cresce a cobrança de tomadas de posição do poder público em relação à política e à economia da cultura. Este livro chega, pois, em momento muito oportuno.

Durand transita por um leque variado de assuntos, como formação profissional para a gestão cultural, até a economia da cultura, passando pelas formas de financiamento, patrocínios, comportamento de consumo, necessidade de indicadores culturais etc.

1. São Paulo, Perspectiva, 1989.

Mesmo que as publicações nesses tópicos formem hoje um conjunto significativo, muito longe do vazio bibliográfico de até duas décadas atrás, a contribuição de Durand tem significado especial. Esta coletânea, composta por ensaios e artigos cada qual com um valor em si, serve de memória de um conhecimento acumulado ao longo de cerca de vinte anos, que reelabora parte da história das políticas culturais no Brasil, memória essa tão importante quando se sabe das descontinuidades injustificadas de projetos e programas que lamentavelmente costumam ocorrer por ocasião das mudanças de governo.

O livro está organizado em duas partes: "Política Cultural" e "Economia da Cultura". Assim dividido, ajuda muito a entender as motivações do conjunto. Os textos tratam da necessidade de se olhar as especificidades da "cultura como objeto de política pública", e, por isso, o artigo sob o mesmo título abre a coleção.

Nessa parte também são apontadas questões relativas à qualidade do produto cultural, hoje convertido numa espécie de assunto tabu. Verificar a "produção artística" da obra não significa cancelar ou remover a autonomia da "criação" individual ou coletiva, ainda que se possa questionar essa autonomia, principalmente depois que as vanguardas retiraram o véu da obra de arte, reenviando-a ao mundo da experiência vivida. Com isso, Durand chama a atenção para a importância de se verificar, sem receio, a forma como o campo artístico contemporâneo elabora a ideia de qualidade das obras de arte e as funções manifestas e latentes da crítica de arte e das instâncias de consagração.

O livro destaca na segunda parte os aspectos econômicos da cultura. Ver a cultura economicamente, longe de ser "profanação" da arte, é o melhor modo de entender as necessidades da sobrevivência material do artista, e suas relações com os intermediários. Aliás, sua iniciativa de promover a edição brasileira e de prefaciar o livro *A Economia da Cultura*, de Françoise Benhamou[2], faz parte do mesmo esforço.

Serenos, os textos deste livro dialogam com outros autores, desenvolvendo um jogo cultural denso, driblando e passando a bola, apostando no compartilhamento de dados e informações, sem deixar de explicitar os conflitos da cena contemporânea.

2. Cotia (SP), Ateliê Editorial, 2007.

Durand é um autor que vem trazendo sua contribuição para alimentar o debate cultural no Brasil. Suas ponderações, testemunhadas em reuniões e seminários, são sempre no sentido de levar o interlocutor a meditar sem deixar de agir, elevando assim o nível da conversação pública.

Nos anos 1990, quando o governo FHC priorizava "a cultura como bom negócio", germinava uma contracorrente que enfatizava a cultura como elemento central da cidadania: foram muitos os debates no Instituto Pólis, no Fórum Intermunicipal de Cultura e no Comitê de Entidades Culturais de São Paulo, dos quais pude participar junto com outros colegas. Depois veio a gestão Gil no Ministério da Cultura, sob o governo Lula, que mobilizou a sociedade em torno das três dimensões da cultura: simbólica, cidadã e econômica. Foi na sequência dessas controvérsias que Durand participou ativamente de seminários, ensinou e escreveu, até dar forma final a suas publicações.

É clara e cristalina a linguagem dos textos aqui reunidos, muito distante de congêneres acadêmicos que se expressam através de jargões herméticos e que produzem um emaranhado conceitual só aceito, com a respeitosa paciência de praxe, pelos pares do meio universitário. Ao contrário, a escrita de Durand pode ser lida por público bem mais amplo, enfim por qualquer leitor interessado nas questões sociais e culturais de nosso tempo.

O livro conduz o leitor pelos meandros e filigranas da produção e gestão pública contemporânea, compondo uma boa urdidura entre experiência histórica e teoria cultural, e que, além de preencher uma lacuna na literatura, contribui muito para o adensamento das pesquisas no campo da cultura e para a democratização do debate público.

Longa vida a estes escritos.

Valmir de Souza[3]

3. Doutor em Teoria Literária, Pesquisador do Grupo de Pesquisa em Políticas Públicas para o acesso à Informação (GPOPAI/EACH/USP), Professor Universitário, Pesquisador e Consultor de Políticas Culturais do Instituto Pólis. Autor de vários ensaios sobre políticas culturais e do livro *Cultura e Literatura: Diálogos* (São Paulo, Ed. do Autor, 2008).

Parte 1. POLÍTICA CULTURAL

1

Cultura como Objeto de Política Pública*

É raro que qualquer debate sobre cultura atualmente, em países desenvolvidos, não vá desde logo explicitando duas circunstâncias fundamentais: o que é afinal relevante discutir; e quais são as qualificações necessárias – ou, ao menos, desejáveis – de quem se espera envolver nessas discussões.

Tal consenso deriva da existência de uma pluralidade de interesses ativos na área cultural: grupos, associações, organismos, revistas, fontes de financiamento, identidades e qualificações intelectuais, técnicas, estéticas, políticas e administrativas, em grau ainda difícil de imaginar no Brasil e para as condições brasileiras. Muitos interesses e pontos de vista distintos se confrontam em espaços sociais relativamente independentes entre si. Trata-se de arenas cujos atores, em geral, conhecem seus interlocutores (efetivos e prováveis), de modo a não desperdiçar tempo e energia falando no deserto, ou, no extremo oposto, pregando a convertidos.

No que concerne ao amplo, diverso, rico e abstrato mundo da cultura, é lícito dizer que, naqueles países, no mínimo há vinte anos uma linha divisória claramente se impõe entre "debater cultura" (sem mais qualificativos) e aquelas ocasiões em que cumpre entendê-la em função de um elenco delimitável e factível de alternativas de decisão política, econômica e administrativa. Muitos dos participantes de uma arena não têm interesse pela

* Agradeço ao Núcleo de Pesquisas e Publicações da EAESP/FGV pelo auxílio no custeio da pesquisa que está na origem desta análise (2001).

outra, e nela não costumam se envolver, o que aumenta, em consequência, a produtividade da discussão em cada uma delas.

Não é o caso aqui, em hipótese alguma, de recusar importância à discussão dos múltiplos pontos de vista estéticos, teóricos ou ideológicos que fundamentam as controvérsias sobre cultura na imprensa, nos circuitos artísticos, na universidade, ou onde quer que seja. Porém, cabe reconhecer que a abordagem da cultura como objeto de política e administração pública é, como se diz na gíria, "outro departamento". Nele não pode ser admitida aquela tão comum postura individual de rejeição ético-ideológica do dinheiro e da economia, bem como a dificuldade daí derivada em entender que arte e cultura dependem de sustentação econômica e institucional como qualquer outra atividade humana. Ou seja, há muita gente (artistas, críticos de arte e acadêmicos da "área de humanas") que revela raro talento e vasto conhecimento ao navegar pelos meandros da arte e captar significados invisíveis ao olhar comum, mas que se infantiliza, emudece ou se torna agressiva quando o tema é política e gestão cultural. Isso ocorre porque essas pessoas partilham da visão idílica segundo a qual a presença da burocracia e do dinheiro na esfera cultural é por definição nefasta, independentemente de análise.

Neste texto, a intenção é focalizar algumas questões que parecem constituir prioridades de política e gestão cultural para o Brasil, tal como surgem de uma visão panorâmica dessa área em países desenvolvidos[1] e à luz da ainda esparsa literatura brasileira, que avalia a experiência acumulada tanto em âmbito local como de Estado ou de país[2]. Como referência significativa, vale lembrar que o terreno da gestão cultural na França, Estados Unidos e Inglaterra está tão lavrado que há autores que chegam mesmo a definir "etapas" na breve história das políticas nacionais de cultura a partir do último pós-guerra[3].

1. Tal visão foi propiciada pela participação do autor em uma estadia pós-doutoral em Nova York, no convívio com sociólogos da cultura, economistas, gestores de instituições culturais e professores de Arts Administration, nos anos de 1999 e 2000.
2. Ver J. C. Durand, *Política e Gestão Cultural: Brasil,* EUA, *Europa*, São Paulo, Núcleo de Pesquisas e Publicações da EAESP/FGV, 2000 (Relatório de Pesquisa, 13).
3. O neozelandês Michael Volkerling distingue uma fase inicial, de 1945 a 1965, em que a orientação central era difundir a cultura erudita ao conjunto da população, seguida de dois decênios (1965-1985), fase em que a palavra de ordem passou a ser "multiculturalismo", admitindo-se que o governo deveria contemplar com atenção e fomento a expressão cultural de todas as

1.1. A Falta de Visão Sistêmica e de Complementaridade na Gestão Cultural

No Brasil, sequer se sabe quantas prefeituras possuem secretarias de cultura e, por conseguinte, em quantas os assuntos culturais são tratados através de secretarias de educação, esportes e turismo, ou outra qualquer. O fato de haver uma secretaria autônoma para cultura nos organogramas estadual e municipal não significa necessariamente que nos locais onde isso ocorre o trato da área seja mais eficiente, ágil e substantivamente melhor. Basta, a propósito, recordar o desgaste que foi, em âmbito federal, a criação do Ministério da Cultura (MinC) no início do governo Sarney. Sem recursos e quadros técnicos que ao menos mantivessem a qualidade alcançada nas gestões imediatamente anteriores, tal "elevação" fragilizou tanto a área que foi fácil ao hostil governo Collor lançar sobre ela, poucos anos depois, uma pá de cal[4]. Porém, tão escandalosa situação de desinformação não deixa de ser um sintoma de como ainda esse setor está atrasado na maior parte do país.

A par disso, é indispensável notar como é tênue e casuístico o relacionamento dos três níveis de governo nessa área, nos poucos casos em que algum intercâmbio existe. É muito frequente as secretarias estaduais concentrarem recursos nas capitais dos Estados, sobrepondo-se às respectivas secretarias municipais, enquanto faltam visão e vontade sobre o que fazer no interior. O próprio MinC sustenta algumas fundações que – segundo se diz – ficariam melhor na alçada municipal e que se vinculam a ele pelo simples fato de se localizarem na cidade do Rio de Janeiro, que um dia foi sede do poder federal, e não serem reivindicadas por nenhuma outra instância.

Para se atingir um patamar mais consistente, será necessária uma visão mais orgânica e retrospectiva, capaz de avaliar e refletir sobre experiências prévias. Tal estágio será tanto mais distante e inatingível quanto mais as

classes, grupos e etnias dentro de uma dada sociedade nacional. A terceira fase, a partir de 1985, seria marcada pela privatização de instituições culturais, pelo patrocínio corporativo e pela emergência de eventos globalizados. Ver M. Volkerling, "Deconstructing the Difference-engine: a Theory of Cultural Policy", *Cultural Policy*, vol. 2, n. 2, pp. 189-212, 1996. E também O. Bennett, "Cultural Policy in the United Kingdom: Collapsing Rationales and the End of a Tradition", *Cultural Policy*, vol. 1, n. 2, pp. 199-216, 1995.

4. Ver I. Botelho, *Romance de Formação. A Funarte e a Política Cultural – 1976/1990*, Rio de Janeiro, MinC/Casa de Ruy Barbosa, 2001.

secretarias de cultura forem entregues a artistas e intelectuais consagrados que, na falta de um passado de administradores e de vontade política, tenderem a se comportar como "medalhões", julgando-se autorizados a orientar a ação de governo por linhas que sigam apenas suas preferências pessoais. Isso sem mencionar - pior ainda - aqueles secretários que são escolhidos "à força" porque nenhum partido tenha se interessado por uma área tão pouco atrativa na partilha do orçamento e dos cargos politicamente compensadores. Esses dirigentes "de ocasião" com facilidade aspiram a marcar sua presença com projetos "de impacto", que, na maioria das vezes, consistem em "reinventar a roda".

Uma visão orgânica para a área cultural de governo também implica conhecer a divisão do trabalho que a lei e os costumes estabelecem entre governo e iniciativa privada em matéria de políticas sociais. Pode-se aqui apontar a pouca clareza que o meio artístico apresenta em relação ao que esteja ao alcance legal e político do governo, em cada nível administrativo, em matéria de regulação, financiamento direto, tutela e incentivos indiretos para a defesa e a promoção das artes e do patrimônio cultural. Nessa matéria, é indispensável distinguir aquilo que, em cada região ou localidade, está sendo suficientemente bem resolvido pela indústria cultural, ou por manifestações espontâneas da população, e aquilo que, com base em critérios defensáveis, o governo deve encorajar.

Ademais, cada gênero cultural tem seus "gargalos" próprios que só uma visão atenta e preocupada com interdependências pode detectar e superar. Exemplifique-se relembrando um caso singelo, mas bastante ilustrativo: a Funarte, nos anos 1980, descobriu em dado momento que precisava ajudar fabricantes brasileiros a melhorar a qualidade de instrumentos musicais, visto ser tão precária que não tinha sentido continuar apoiando os grupos que os usavam sem nada propor a respeito[5]. Quantos casos mais de "gargalos" detectados e superados poderiam aqui merecer citação: certamente muito poucos, pois só acontecem raramente.

Uma visão sistêmica é necessariamente de longo prazo, embora seja possível "fazer explodir", do dia para a noite, o público de museus e concertos usando-se promoção intensiva na mídia de massa e/ou transformando uma exposição ou uma apresentação ao vivo em um "grande espetáculo". É

5. *Idem*.

isso que faz o *marketing* cultural quando uma verba polpuda o autoriza a ambicionar uma grande repercussão de mídia para a marca que patrocina um evento. Tanto é assim que se criou o neologismo "espetacularização", para dar conta da carga de "efeitos especiais" com que se reveste a manifestação artística, a fim de torná-la um "acontecimento memorável". É sempre bom que se atraia o maior público possível, ao invés de deixar salas às moscas; todavia – como reiteradamente mostram as pesquisas –, a maior parte das pessoas levadas a um evento "espetacularizado" só voltará a eventos subsequentes se atraída por igualmente custosa[6] parafernália promocional. Para transformar um frequentador ocasional em um apreciador regular de cultura, é preciso pensar a prazo mais longo. E dar-lhe educação artística.

A paisagem cultural só se enriquece e se diversifica consistentemente no longo prazo, fruto de processos de aprendizado e transmissão que alargam o repertório de gosto, a sensibilidade ao fazer artístico e o bolsão de amadorismo em que navega a maioria das pessoas que se sentem participantes desse pequeno universo. São esses processos que, em grande parte, dilatam socialmente as práticas amadoras, entendidas como o viveiro em que germinam e se consolidam as trajetórias que levam ao profissionalismo em artes e outras expressões culturais[7]. Não é que não se faça nada para ampliar públicos para a cultura no Brasil. Acontece que o pouco que se faz é desarticulado de uma visão mais abrangente, incapaz de dimensionar necessidades no tempo e no espaço e de articulá-las a diretrizes de política de educação, de cooperação internacional, de lazer e turismo, de fomento ao artesanato e de desenvolvimento regional, entre outras.

Nessa matéria, é impossível aspirar a uma rapidez muito grande. A mudança e a diversificação do repertório estético, atreladas que estão à educação e ao estilo de vida e, secundariamente, ao nível econômico, acontecem

6. O custo da "espetacularização" encarece muitas vezes o evento cultural, alijando boa parcela dos aficionados que o frequentavam pagando de seu bolso. Uma montagem de ópera no Rio de Janeiro, com artistas estrangeiros, custava em torno de cem mil dólares até os anos 1960, passando a três milhões de dólares na década seguinte, segundo texto publicado pelo MinC (F. Weffort & M. Souza, *Um Olhar sobre a Cultura Brasileira*, Rio de Janeiro, Funarte, 1998, pp. 212-214).
7. O entorno de amadorismo e semiamadorismo que envolve o núcleo profissionalizado das artes recobre, *grosso modo*, de 80% a 90% das pessoas aí situadas pelas pesquisas demográficas e sócio-ocupacionais feitas naqueles três países mencionados: França, Estados Unidos e Inglaterra.

devagar, pois os públicos para os gêneros contemplados diretamente pela área cultural governamental são minúsculos (entre menos de 1% e 10% da população total, variando conforme o gênero artístico). Assim, o mínimo que se pode fazer, além - é claro - de um reforço na educação estética, é montar pesquisas que retratem a "paisagem cultural" do lado da população, isto é, estudos metodologicamente consistentes, sensíveis o suficiente para captar traços de comportamento cultural até mesmo em grupos minúsculos e repetidos regularmente a cada década ou quinquênio. Em nenhum país desenvolvido, a análise do desempenho da gestão cultural pública prescinde da "construção de paisagens" feita com rigor estatístico[8]. Ainda no terreno do conhecimento quantitativo, é inaceitável que no Brasil os grandes conglomerados da indústria cultural monopolizem informações indispensáveis sobre o dimensionamento e as características do mercado, ao menos em áreas críticas como a de publicações impressas em revistas e a de cinema.

1.2. Fontes e Modos de Financiamento da Cultura

Entre as tendências já confirmadas nos últimos vinte anos, cresce o número de países que adotam um padrão "misto" de financiamento da cultura[9], associando recursos públicos a "fundo perdido" a receitas geradas *in loco* - por exemplo, através da locação de espaço e da exploração de lojas, restaurantes, estacionamentos. Muito mais volumosos que os ganhos vindos de tais fontes, contudo, são os recursos de origem empresarial mobilizados na rubrica do "patrocínio corporativo". Seus objetivos, como todos sabem, é o ganho simbólico, ou de imagem, que a associação a um evento de prestígio pode oferecer às corporações e suas marcas.

8. Por exemplo, a população norte-americana despende cerca de dezessete horas semanais diante da TV e apenas cinco minutos com as artes eruditas (museus, concertos, dança etc.); ver J. P. Robinson & G. Godbey, *Time for Life. The Surprising Ways Americans Use their Time*, Pennsylvania, University Park, 1997. A despeito disso, nos últimos quarenta anos, pesquisas periódicas buscam saber como esses públicos diminutos têm variado e quais implicações isso traz para a avaliação de políticas culturais passadas e a construção de cenários futuros; ver contribuições reunidas em G. Bradford, M. Gary & G. Wallach (eds.), *The Politics of Culture. Policy Perspectives for Individuals, Institutions, and Communities*, New York, The New York Press, 2000.
9. Ver P. B. Boorsma *et al.* (eds.), *Privatization and Culture. Experiences in the Arts, Heritage and Cultural Industries in Europe*, Boston, Kluwer, 1998.

A rotinização e a intensificação do patrocínio corporativo às artes, por sua vez, reclamam a profissionalização de intermediários e a descoberta de novas possibilidades de lucro econômico nos mercados culturais. Até aí tudo bem. Mas essa nova fonte de recursos e a lógica de lucro que a anima põem séria questão: quais são os efeitos disso sobre o tipo de cultura que é oferecida, a quem e a que preço? Em suma, passa a ser necessário pensar o novo cenário distinguindo-se a dinâmica cultural e seus efeitos sociais sob os mencionados condicionamentos mercadológicos ou sem eles. A complicada tendência de a cultura erudita ser envolvida na lógica da indústria cultural é algo que merece análise mais cuidadosa. Vale muito a leitura de um estudo sensível de Olivier Donnat[10] – sociólogo francês especializado em pesquisas quantitativas de hábitos e de comportamento cultural –, que mostrou a duvidosa, mas crescentemente importante, função de legitimação cultural que a mídia de massa vem assumindo.

É possível dizer que, do vértice de seus pesos numéricos, a cultura seja a área "número 1". Quando está robusta e saudável representa não mais de 1% dos orçamentos públicos, da população economicamente ativa, do produto nacional bruto. Isso indica que um incremento significativo de sua receita de origem governamental não deve trazer sacrifícios dramáticos a outras áreas sociais com carências mais graves. No que tange ao patrocínio corporativo, o mais urgente a ser discutido é se os esforços da comunidade artística necessários para canalizá-los estão sendo recompensados com resultados, ou se ainda prevalece muita ilusão a respeito. Mais concretamente: se a trabalheira de encorajar centenas, milhares de artistas e produtores culturais a preparar projetos e muitas dezenas de técnicos de governo para recebê-los e avaliá-los esteja sendo correspondida por uma margem satisfatória de captação, ou se quase todo esse esforço é mesmo "para inglês ver".

Por outro lado, sabe-se que a maior parte (cerca de dois terços) do dinheiro que circula na área cultural vem diretamente do bolso de quem frui (ou "consome") cultura, ao comprar livros, discos, ingressos de teatro e cinema etc. Assim, pergunta-se: como é possível construir cenários da paisagem cultural sem levar em conta os orçamentos familiares e os reflexos,

10. O. Donnat, *Les Français face à la Culture*, Paris, La Découverte, 1994, pp. 140-150 [em português: *Mídia e Publicidade: Novos Espaços de Consagração Cultural*, trad. J. C. Durand, São Paulo, Centro de Estudos da Cultura e do Consumo (CECC/FGV), 1996 (série Administração Cultural, 24)].

em sua rubrica "lazer e cultura", das mudanças demográficas, educacionais, tecnológicas, de estilos de vida e de renda econômica?

Essas considerações sobre as bases materiais da vida artística levam a outra indagação.

1.3. A Questão do "Lado Faltante"

Essa expressão foi dita por um economista da assessoria de Celso Furtado, quando ministro da cultura no governo Sarney, em um seminário sobre políticas culturais. Segundo o assessor, que até aquele momento havia acompanhado Furtado em outros ministérios e agências, sempre que se tratava de avaliar a alocação de recursos para uma política pública, começava-se por caracterizar os grupos e interesses dos dois lados da produção de serviços - a oferta e a demanda. A grande surpresa da assessoria, ao tentar extrapolar o mesmo e elementar raciocínio para a área cultural, foi verificar que nela parecia existir apenas um polo - o da oferta. Isto quer dizer que as únicas manifestações de interesse - segundo aquele assessor - partiam dos grupos de artistas, produtores e dirigentes culturais à busca de recursos para seus projetos e instituições, nos balcões e gabinetes do MinC. Quanto à procura, o mais grave silêncio, indiferença, ignorância.

A reivindicação de uma atenção mais equilibrada a esses dois polos não se apoia em nenhuma crença de que "sucesso de público" (ou grande audiência) seja indicador inequívoco de mérito artístico. Ademais, é coisa do passado supor que todo cidadão represente um "consumidor" de cultura, bastando ampliar a oferta que esta gerará automaticamente a procura.

Trata-se, simplesmente, de dimensionar e conhecer melhor os públicos de algum modo beneficiados com o gasto governamental, única maneira de tornar as decisões mais responsáveis, democraticamente. Tal exigência não se reduz em nada pelo fato de as atividades fomentadas pelo "braço cultural" governamental serem voltadas a uma parcela muito diminuta da sociedade. Em países onde o controle popular sobre o orçamento de governo se firma no princípio da "responsabilização" (*accountability*) - como os Estados Unidos -, o financiamento de todo e qualquer programa ou projeto deve considerar suas consequências sobre a melhoria do acesso (*access*), entendida aí a ampliação de público, ou modificação em sua composição social para estratos menos favorecidos, ou melhoria de repertórios de gosto. Naquele país, tal cuidado não se aplica apenas a verbas de governo, mas também é critério cada vez mais determinante nas decisões das fundações e das corporações empresariais.

1.4. A Questão do "Tabu da Qualidade"

A transformação das concepções a respeito da arte e da dinâmica do campo artístico, ao longo do século XX, acabou colocando sério embaraço para escolhas e decisões que precisam ser feitas pela gestão cultural pública. Em suma, se é um truísmo que ao governo não compete produzir cultura nem decretar o valor dessa ou daquela obra ou movimento estético, nem desrespeitar a autonomia de criação e a pluralidade das culturas que coabitam em um mesmo país ou região, cabe perguntar: quais são as consequências disso sobre os limites e especificidades da ação estatal em termos de financiamento direto, de incentivos e de regulação na área cultural?

A melhor analogia aqui é com a política científica. Todos sabem que a comunidade acadêmica tem papel-chave na definição de princípios de fomento, na criação de programas setoriais e na composição de colegiados para avaliar projetos, grupos de pesquisa, programas de pós-graduação, entre outros. Esse poder não caiu do céu, mas foi conquistado por uma luta sistemática, ao longo de décadas[11].

O controle acadêmico das verbas para pesquisa tem virtudes e defeitos que não é o caso discutir aqui. Basta que se assinale que este poder só pôde e continua podendo existir porque prevalece um consenso mínimo quanto ao que seja aceito como científico ou não. Esse consenso lastreia-se no reconhecimento de que o caráter científico está na partilha de um mesmo conjunto de procedimentos lógicos codificados: a metodologia científica. As avaliações *ex ante* ou *ex post* consistirão em apreciar se tais procedimentos vão ser ou foram obedecidos pelo pesquisador e se os resultados apresentam clareza e coerência. O nível da repercussão entre pares, nos canais competentes, subsequentemente, distinguirá as iniciativas fecundas, que realmente fizeram avançar o conhecimento, daquelas mais modestas ou

11. Ver M. C. Forjaz, *Cientistas e Militares no Desenvolvimento do CNPq (1950-1985)*, São Paulo, Idesp, 1988 (série História das Ciências Sociais, 4).

mesmo inócuas. Embora em anos recentes, os órgãos de fomento à ciência estimulem investigações mais referidas a problemas práticos passíveis de serem enfrentados por ações de governo ou de empresas, a pesquisa puramente teórica, no extremo oposto, continua tendo seu espaço respeitado.

A analogia não visa insinuar que o fomento às artes possa ser administrado no mesmo feitio que o amparo à ciência. Falando das primeiras, um crítico francês, Philippe Urfalino, diz que "o governo não pode escolher, nem julgar, nem deixar isso aos pares" e, portanto, o melhor é "externalizar" as instâncias de julgamento, limitando-se o governo a financiar os projetos que comitês autônomos, escolhidos pela comunidade de pares e outros grupos, assim indicarem[12]. Como, aliás, se faz na Inglaterra desde que Lorde Keynes criou o Arts Council, décadas atrás.

Por mais cômico que pareça, o problema está justamente aí. A comunidade artística, a rigor, não tem, nem pode mais ter, "representantes". As ideologias estéticas caminharam tanto na ideia de que a arte é inefável e que a graça do artista é soberana em definir o que pode ou não cair sob tal conceito, que aos críticos quase nada sobrou a não ser um trabalho subsidiário de comentadores. É uma postura tão comprometida com expectativas de brilho pessoal (e, às vezes, de ganho econômico) e com demandas de decifração quanto às obras, cujas qualidades a crítica em tese deveria assinalar e ajudar a que sejam compreendidas. Um exemplo eloquente desse impasse mostrou-se quando, ao se discutirem a natureza e os limites da avaliação de projetos a serem amparados pela lei de incentivo fiscal na cidade de São Paulo, concluiu-se que ela deveria apenas apreciar a compatibilidade entre o que o projeto propunha e a quantidade de tempo e dinheiro que seu autor solicitava para realizá-lo. Outra expressão desse impasse pode ser visto na nostalgia com que os críticos de arte de hoje referem-se a seus predecessores de meio século atrás, que se mostravam em público fortemente imbuídos de um sentimento de missão em discriminar o joio do trigo e também muito convictos dos parâmetros estéticos e ideológicos que lhes permitiam dizer algo substantivo sobre as obras que analisavam[13].

12. Ver P. Urfalino, "Les Politiques Culturelles: Mécénat Caché et Académies Invisibles", *L'Année Sociologique*, vol. 39, p. 101, 1989.

13. Ver J. C. Durand, *Arte, Privilégio e Distinção – Artes Plásticas, Arquitetura e Classe Dirigente no Brasil, 1855/1985*, São Paulo, Perspectiva/Edusp, 1989 (col. Estudos, 108).

1.5. Descaso para com as Instâncias de Consagração

As instâncias de consagração consistem num conjunto de indivíduos, grupos, eventos e instituições a quem se reconhece competência para avaliar e classificar obras, autores e movimentos estéticos. É claro que, no cotidiano, essa competência está sempre sendo questionada, pois a luta pela consagração – em que se embatem os artistas – também envolve a luta pelo reconhecimento de autoridade e pelo acesso às posições de avaliação e classificação[14].

Sempre coube à área cultural governamental abrigar e proteger os gêneros que compõem a cultura erudita, sobretudo aqueles que não conseguem sobreviver do mercado[15]. Embora a ênfase hoje em dia seja reconhecer como equivalente o valor tanto das expressões eruditas como das populares (multiculturalismo), isso em nada reduz a necessidade de a política cultural monitorar o avanço da indústria cultural, especialmente da estrangeira, sobre umas e outras. Monitoração aí não significa xenofobismo, bloqueio, patrulhamento ou censura, mas simplesmente o acompanhamento do alargamento do mercado e da globalização sobre a cultura nacional, no sentido de conhecer o saldo final de efeitos positivos e negativos, de modo a estabelecer o que pode ser feito para reforçar os primeiros e refrear os demais. Nessa tarefa, quanto mais a política cultural se apoiar no conhecimento pericial dos críticos para determinar qual é, afinal, esse saldo final de efeitos, tanto melhor será. Porém, para isso, será necessário pensar uma diretriz com relação àquelas instâncias, prestigiar sua constituição democrática e sua renovação e criar condições institucionais para que seu trabalho de avaliação e classificação seja divulgado regularmente, em uma linguagem suficientemente compreensível, à maior parcela possível dos que possam interessar-se em compreender as tendências de hibridação cultural ora em curso no Brasil e em qualquer outra parte do mundo.

Uma das fronteiras em que tal conhecimento pode produzir melhorias é a da diplomacia cultural. Entre as arengas que povoam a discussão de política cultural no Brasil, está a crítica ao pouco interesse que intelectuais

14. Ver P. Bourdieu, "O Mercado de Bens Simbólicos", em S. Miceli (org.), *A Economia das Trocas Simbólicas*, São Paulo, Perspectiva, 1974.
15. Ver S. Miceli & M. Gouveia, *Política Cultural Comparada*, Rio de Janeiro, São Paulo, Funarte/Idesp, 1985.

e artistas brasileiros sempre teriam mostrado em relação aos demais países latino-americanos. Diz-se que se desconhecem mutuamente e que essa ignorância ajuda a alimentar uma perspectiva de admiração submissa, que contribui para perpetuar a dependência cultural deste subcontinente em relação ao que se pensa e se cria nos polos dominantes da Europa Ocidental e da América do Norte. Nessa vertente, uma ruptura, ou ao menos uma tentativa de confrontar essa desigualdade, passaria por maior conhecimento e reconhecimento da qualidade das manifestações artísticas e culturais da América Latina e da localização de seus elementos mais originais e profundos. Mas, por enquanto, só há como declaração de intenções, como compromisso retórico, nas ocasiões em que tal encenação ainda consegue convencer. Porém, o que daí deriva de concreto é muito difícil de localizar. A diplomacia brasileira não se governa por diretrizes claras no domínio da cultura[16], nem consegue administrar, com um mínimo de vontade efetiva e continuidade, as frentes de colaboração cultural que poderiam produzir uma tênue reversão que seja no quadro anteriormente desenhado. O exemplo mais desanimador está no fechamento, por restrição orçamentária, de várias Casas de Cultura do Brasil que o Itamaraty havia aberto em países vizinhos, na tentativa de difundir a língua portuguesa e a cultura nacional. Também não se detecta, nem no Ministério das Relações Exteriores (MRE), nem no Ministério da Cultura, nenhum programa (quando menos uma diretriz efetiva) para ajudar o artista brasileiro a devotar mais atenção a países limítrofes, nem para conceder meios materiais para artistas desses países vivenciarem a realidade sociocultural brasileira. Isso poderia ser feito dando-lhes condições de viajar e trabalhar mais dentro do continente, de enfrentar confrontos de seu trabalho no circuito regional, antes de migrar temporária ou definitivamente para algum centro de Primeiro Mundo.

Com a expansão rápida do número de artistas em face da conjugação de vários fatores (avanços na escolarização, em geral, e nas artes, em particular; barateamento das viagens e dos bens culturais em suporte industrial, tais como discos, fitas, livros etc.), vem crescendo bastante o bolsão de amadorismo artístico nas grandes cidades. Por sua vez, a mercantilização crescente do campo artístico via patrocínios tem favorecido a proliferação

16. Ver E. T. Ribeiro, *Diplomacia Cultural. Seu Papel na Política Externa Brasileira*, Brasília, Fundação Alexandre de Gusmão/IPRI, 1989.

de premiações (festivais, prêmios literários, antologias etc.)[17] por parte de empresas e institutos culturais a elas ligados.

Correlata ao adensamento das competições ocorre a perda progressiva do poder de consagração de muitas delas. Pior, cada vez menos se aproveita de tais momentos para um balanço mais efetivo dos rumos que norteiam o universo artístico e dos "gargalos" que possam estar deprimindo sua expansão e qualidade. Aceitando-se que a gestão cultural pública tenha, junto aos círculos de cultura erudita, mais legitimidade que bancos e indústrias para criar e administrar premiações significativas, cabe despertar para o potencial que se abre nessa frente. Ou seja, sabendo usar seu poder de chancela e de mobilização da comunidade artística através de premiações, as secretarias de cultura têm aí um potencial de influência positiva ainda muito pouco explorado: contribuir para uma explicitação minimamente consistente da ideia de qualidade no universo da estética, criando situações que forcem a crítica de arte a uma atuação menos enrustida e irresponsável, além de ajudar a traçar nexos de dependência simbólica entre países e regiões, pois as premiações constituem um momento por excelência para "fazer o balanço" do intercâmbio de influências culturais entre seus artistas.

1.6. Considerações Finais

O que é possível e desejável que o Estado faça na área cultural nos dias que correm? Essa pergunta não tem resposta fácil, sobretudo por duas razões.

A primeira delas é que a autoridade pública em cultura tem de operar com um espaço da sociedade que é internamente subdividido em subespaços governados por lógicas diferentes – a cultura erudita, a indústria cultural e as culturas populares. Em cada um desses três espaços, a autoridade pública deve manifestar ou uma linha clara de ação ou, ao menos, uma justificativa consistente sobre o que pode ser feito como financiamento direto, fomento indireto ou regulação. Ou ainda, ao contrário, o que merece ficar como está, existindo espontaneamente sem necessidade de estímulo, ajuda ou intervenção. O Brasil é uma nação de grandes dimensões de terri-

17. Sirva de constatação o fato de que, na Inglaterra, entre 1988 e 1998, os prêmios literários aumentaram de 180 para 250, segundo mostra M.-F. Cachin, em "La Course aux Prix en Grande-Bretagne", *Liber – Revue Internationale des Livres*, n. 34, pp. 8-9, mars 1998.

tório e população com significativa diversidade étnica e regional. Ademais, comporta uma sólida indústria cultural e um sistema de ensino capaz de dinamizar mudanças de gosto, estilos de vida e lazer. Tudo isso reclama a necessidade de uma visão mais orgânica, que entenda gestão cultural como algo mais do que simplesmente promover eventos e restaurar sítios históricos, como até agora, quase sempre e na melhor das hipóteses, se faz[18].

A segunda razão é que faz parte das tendências de época o apelo às artes e à cultura para ajudar na busca de soluções de problemas que lhe são alheios. Aí entram a criação de empregos, o estímulo ao turismo, a reciclagem de áreas urbanas deterioradas, a recuperação de infratores, a cura mental, a reconciliação entre raças e entre religiões, a contenção da violência[19], a integração de segmentos economicamente marginalizados, a facilitação do aprendizado e vários outros[20]. Não cabe aqui discutir o tamanho, as características e o mérito de cada uma dessas novas demandas; ao contrário, o fundamental é reconhecer que, se os gestores públicos não forem capazes sequer de pensar orgânica e integradamente a área cultural em suas dinâmicas internas (no plural) e em suas interdependências, muito menos estarão preparados para entender a contribuição que podem e devem dar a necessidades mais agudas e que dependem de diagnósticos mais sofisticados e da interlocução com áreas de política pública, em que, geralmente, se sabe melhor o que fazer.

18. Era frequente, em debates, palestras e reportagens, Rodolfo Konder, titular da Secretaria Municipal de Cultura de São Paulo nas gestões de Paulo Maluf e Celso Pitta, procurar "provar" o desempenho de sua gestão com determinada "estatística mensal de eventos realizados", sem o cuidado de revelar ao público como tais números eram recolhidos e o que de fato significavam. Só para lembrar: trata-se de um dos três maiores orçamentos para cultura em todo o país.

19. A imprensa paulista chegou, em dado momento, a noticiar a implantação de programas culturais no Jardim Ângela, bairro da periferia sul da cidade de São Paulo, com o objetivo de contribuir para neutralizar o poder do tráfico de drogas e reduzir um índice de violência excepcionalmente alto. Isso mostra que a gestão cultural tem um potencial de efeitos positivos para dimensões da vida social, em que a gravidade dos problemas é infinitamente maior.

20. Ver o argumento que G. Yúdice desenvolveu em *A Conveniência da Cultura: Usos da Cultura na Era Global*, Belo Horizonte, Ed. UFMG, 2004.

2

Profissionalizar a Administração da Cultura*

2.1. Introdução

É aos gestores culturais que cabe dar clareza, coerência e eficácia à formulação de objetivos, programas e projetos em matéria de cultura, no espaço público ou privado. Mas é forçoso reconhecer que nesse assunto a situação dos países sul-americanos não é das mais avançadas. Se for possível tomar como geral o caso do Brasil, será lícito constatar que – com as exceções de sempre – os governantes (quer seja em nível federal, regional ou local) não costumam encarar a gestão cultural como esfera onde se exijam tais virtudes. É, portanto, muito oportuno este evento.

Correlatamente à falta de clareza e coerência, e à despreocupação com eficácia, os recursos são ao mesmo tempo escassos e mal aproveitados. Com frequência, a fatia da cultura fica muito abaixo do 1% dos orçamentos públicos, tal como parece ser considerada a participação mínima razoável do setor na despesa governamental. Os recursos privados continuam, por sua vez, difíceis de chegar aos produtores culturais, apesar das leis de incentivo fiscal à cultura que começam a ser postas em

* Comunicação ao II Encuentro Internacional sobre Formación en Gestión Cultural, organizado pelo Convênio Andrés Bello, pela Subsecretaría de Cultura del Ministério de la Educación y Cultura do Equador e pela Organización de los Estados Iberoamericanos. Quito, 24-28 de julho de 1995.

prática[1]. Os interesses corporativos dos artistas costumam ser fortes na disputa pelas migalhas que lhes são oferecidas pelos governos, enquanto os interesses dos políticos costumam ser tão fracos que dificilmente o tema cultura aparece em programas de partidos políticos ou na plataforma de candidatos a postos eletivos. Aliás, no Brasil, até mesmo a educação só agora começa a ocupar o lugar que merece no discurso político.

Prevalece, de modo geral, enorme perplexidade a respeito de como tratar o delicado tema cultura. Estamos em uma época em que as definições de cultura proliferaram até o paroxismo, contando-se às centenas. Por um lado, elas se impregnaram das mais diversas significações libertárias, em nome da preservação da identidade das mais variadas minorias, e de tudo quanto pareça atitude progressista. Por outro lado, como efeito final de décadas e décadas de "rupturas" promovidas pelas vanguardas em quase todos os segmentos artísticos, ultrapassou-se o limite mínimo de consenso quanto ao que seja valor estético: tudo pode ser arte e nada é arte. O que dizer de uma época na qual se considera normal que um visitante de museu pare diante de um quadro e, em vez de instantaneamente exclamar "Que belo!" ou "Que horrível!", como faria se tomado de forte e incontrolável emoção visual, silencie e balbucie, meio constrangido, "Interessante..."? Tudo se passa como se a obra de arte lá estivesse para servir à curiosidade, à decifração ou à especulação intelectual, como os enigmas ou as hipóteses científicas.

O panorama até aqui esboçado associa certamente alguns componentes particulares ao Brasil, outros que são comuns aos países da América do Sul e ainda aqueles que são expressão de tendências mundiais. Não há espaço, nem talvez haja necessidade, de regular direito o alcance geográfico e social de cada um; o mais importante talvez seja encarar com coragem o que ainda pode ser definido como base de uma política cultural desejável.

1. No Brasil, as leis de incentivo à cultura em vigor conseguem repassar efetivamente apenas entre 10% e 50% dos recursos postos à disposição pelas empresas, por razões variadas. Estas vão desde a dificuldade de encontrar projetos em condições técnicas de ser aprovados, passando pela dificuldade de montar comissões de avaliação, até a necessidade de se encontrarem empresas dispostas a acrescentar uma parcela de recursos próprios àquela dos impostos que elas deixam de recolher.

2.2. *Fundamentos de Política Cultural*

Quatro princípios parecem resumir o que se pode esperar de uma política cultural democrática e eficiente: qualidade, diversidade, preservação de identidades e disseminação de valores[2]. Ou seja, que, no objetivo de estimular atividades culturais, o Estado – sem jamais se tornar ele próprio produtor de cultura – ajude a assegurar um fluxo de bens e atividades culturais com qualidade (estética ou científica, conforme se trate de cultura artística ou científica); que esse fluxo comporte diversidade suficiente para oferecer ao cidadão reais opções de consumo cultural, dentro de cada segmento artístico e entre eles; que a cultura possa ser o território em que se afirmem e reafirmem identidades particulares (nacionais, regionais, étnicas, sexuais, etárias, religiosas etc.), em contraposição à força globalizadora da indústria cultural internacional ou de qualquer outra instância empenhada em fazer desvanecer tais diferenças. Finalmente, que os significados disseminados através da cultura exprimam valores reconhecidos como positivos para o ser humano, apesar de todo o risco e de toda a dificuldade em se definir o que seja positivo ou negativo no imenso caldeirão de religiões, etnias, nacionalidades, regimes políticos, concepções estéticas e estilos de vida que caracteriza o mundo atual.

2.3. *Amadorismo em Administração da Cultura*

Por sua vez, a vontade política de fazer a cultura florescer em clima democrático e plural tem dois pré-requisitos institucionais. Primeiro, que haja um mínimo de continuidade político-administrativa; segundo, que se ofereça um mínimo de profissionalização aos técnicos e dirigentes da área.

O nível adequado de continuidade político-administrativa para a área cultural será certamente aquele que evite a perpetuação de uma orientação conservadora extremada e esclerosada e, no extremo oposto, a substituição incessante, injustificada e anárquica, de diretrizes e prioridades, assim

2. Elementos apresentados oralmente por Zarko Paic, da Open University da Croácia, na comunicação "Postmodernism and Cultural Policy" (em First World Culturelink Conference, Zagreb, Croácia, 8-11 de junho de 1995). Ver também, a respeito, M. Chauí, "Cidadania Cultural como Diretriz", *Informativo do Instituto de Estudos Avançados da USP*, março 1995, p. 7.

como a interrupção abrupta de projetos e programas. O grau adequado de profissionalização de técnicos e dirigentes será certamente aquele que evite que a área cultural seja vítima do voluntarismo amadorístico de duas personagens bem características. Uma delas é a mulher do presidente, do governador ou do alcaide; a outra é o intelectual ou artista de extremo prestígio em sua área específica (o grande escritor, o filólogo de renome, o compositor de sucesso, entre outros).

Mulheres podem ser tão capazes quanto homens para administrar cultura, assim como o são em quaisquer outras áreas, não há a menor dúvida a respeito. Todavia, questão diversa é se considerar, como fazem ainda alguns setores atrasados de nossas elites políticas e econômicas, que cabe às suas mulheres encarregarem-se de cultura, simplesmente porque os costumes de sua classe social colocam cultura no elenco das virtudes femininas. Pode ser até que a esposa deste ou daquele político seja pessoa de grande descortínio na área cultural, e aí sua escolha não será pela condição de sexo nem pela relação de parentesco.

Por outro lado, muitos têm sido nomeados ministros ou secretários de cultura simplesmente porque são artistas ou intelectuais de grande expressão. Querem assim os governantes que os escolhem "dar brilho" a uma equipe de governo ou "impor-se perante" a comunidade artística. Aliás, às vezes, nem é apenas uma questão de extremo brilho do escolhido, mas antes de algum prestígio cultural associado, quem sabe, à condição de vítima de um regime autoritário. Nomear como ministro ou secretário de cultura um ex-perseguido político é uma tentativa talvez meritória de reparar prejuízos causados por uma ditadura junto à comunidade artística e científica. Mas, do ponto de vista administrativo, pode redundar num fracasso.

Experiências têm mostrado que dirigentes escolhidos pelo critério da consagração cultural costumam chegar idosos demais aos postos decisórios. Além de – não raro – não estarem acostumados a trabalhar em equipe, nem a suportar processos de negociação, geralmente usam do posto executivo para realizar antigos caprichos e projetos pessoais. Estes acabam se sobrepondo às prioridades reclamadas pela eficiência, pelo bom-senso e por uma objetividade não afetada pelo narcisismo. Quando não, tal tipo de dirigente cultural costuma precocemente "deixar de gostar" do poder e, quando menos se espera, ele já entregou a responsabilidade do cargo a um subordinado e retornou, solitário e feliz, a seus ensaios críticos, à preparação de seus dicionários, ou o que quer que seja. Em suma, a direção da área pública de cultura não deve ser concedida a alguém como honraria por desempenho intelectual e artístico, nem como reparação ético-política e muito menos como prêmio de consolação a quem não pôde ser contemplado com posto elevado em outra área de governo mais compatível com suas aptidões.

Outra mazela da vida política de alguns países, e que se reflete agudamente no setor cultural, é o excessivo número de "cargos de confiança" que tem de ser preenchidos após cada mudança de governo. No Brasil, no conjunto da administração pública federal, estima-se que o número de dirigentes e assessores que devem ser trocados após cada eleição seja quinze ou vinte vezes superior ao de um país desenvolvido, como a França ou os Estados Unidos. Se tal descontinuidade é capaz de prejudicar qualquer esfera da administração, mesmo aquelas onde existe mais dinheiro e mais clareza de ação governamental, imagine-se a devastação que pode fazer em uma área como a cultura, na qual os poucos e mal pagos técnicos do governo têm, na maior parte dos casos, somente formação autodidata[3].

2.4. Profissionalismo na Área Cultural

Pelo visto, entre os progressos ainda por se instalarem na área cultural pública em países sul-americanos está o dos critérios de escolha de seus dirigentes superiores. É preciso evitar o clientelismo; é preciso desconfiar de tentativas (às vezes, puramente ilusórias) de valorizar a área cultural pela elevação de seu nível no conjunto da administração. A propósito, comenta-se no Brasil que a passagem da cultura do nível de secretaria subordinada ao Ministério da Educação à condição de ministério autônomo, nos anos

3. Embora se trate de um mandato presidencial atípico, posto que terminado pelo vice-presidente em virtude do *impeachment* do presidente eleito, o governo Fernando Collor/Itamar Franco (março de 1990-dezembro de 1994) teve nada menos de cinco ministros da cultura, cada um com perfil diverso do anterior. Vale citar também a ameaça que recaiu sobre a área estadual de cultura em São Paulo, em janeiro de 1990, quando o recém-empossado Governador Mário Covas ameaçou demitir sumariamente todos os funcionários contratados à margem da lei (ou seja, no caso, através de uma empresa estatal, o Baneser, filiada ao Banco do Estado de São Paulo – Banespa). Segundo se noticiou fartamente na ocasião, nada menos de 70% dos funcionários da Secretaria Estadual da Cultura eram contratados por essa via e deviam deixar seus cargos, com o que a secretaria ficava ameaçada de paralisação quase total.

1980, teria sido antes um subterfúgio para o Presidente da República José Sarney aumentar o espaço de ação de um aliado político do que propriamente uma ampliação de poder institucional necessária para expandir e melhorar essa esfera de ação. Em consequência, não raros são os que avaliam que a situação no Brasil era melhor quando a administração federal da cultura era vinculada à da educação.

Fazer avançar o profissionalismo nos níveis técnicos intermediários da administração pública da cultura não é – a princípio – uma tarefa muito difícil. Por um lado, a maioria dos países sul-americanos dispõe de número suficiente de escolas de administração pública e de negócios, de faculdades de comunicações e artes e de outros tantos ramos de ensino que podem qualificar pessoal para a gestão da cultura. Bastaria desenvolver programas de reciclagem e fazer ajustes e complementações em currículos universitários. Por outro lado, na região já existe um estoque suficientemente grande de pessoas com escolarização elevada capaz de formar mercado para gêneros culturais mais sofisticados[4]. As empresas – ao menos o círculo das maiores corporações econômicas privadas – começam, timidamente ou não, a apoiar iniciativas culturais, e isso desperta a atenção para os dividendos sobre a imagem da empresa e de seus produtos que o apoio às artes pode oferecer[5]. Enfim, como algo que pode ser encarado da perspectiva do lucro e melhorado pelo uso de técnicas modernas de administração. Pouco a pouco vão surgindo os profissionais que farão a necessária ponte entre empresas e cultura, e que ajudarão no preparo e manejo de leis de incentivo fiscal, no estabelecimento de programas de estímulo ao mecenato particular e em seminários e debates sobre os ganhos possíveis das empresas com o patrocínio à cultura.

Seguramente é muito mais fácil transmitir técnicas de administração a gestores culturais e ensiná-los a formular, acompanhar e controlar a execução de projetos do que conciliar os princípios que fundamentam uma política cultural: qualidade, diversidade, preservação de identidades e disseminação

4. Estima-se esse estoque em três milhões de pessoas no Brasil.
5. Ver J. C. Durand, "Business and Culture in Brazil", em R. Martorella (ed.), *Business and Culture: An International Perspective on Sponsorship*, Westport, Connecticut, Praeger, 1996, pp. 65-80; e também J. C. Durand, "A Delicada Fronteira entre Empresa e Cultura", em M. Mendonça (org.), *Lei de Incentivo Fiscal: Uma Saída para a Arte*, São Paulo, Carthago & Forte, 1994, pp. 31-39.

de valores positivos. Melhor dizendo, a questão-chave para a formação de agentes culturais capazes de definir e implantar diretrizes de política pública está em sua formação teórica. Cabe então perguntar exatamente de quais recursos teóricos ele vai precisar para ter visão adequada desses princípios e, sobretudo, das condições de convertê-los em programação.

Por exemplo, o que vem a definir exatamente "qualidade" em termos de produção artística, quando se sabe que em certos gêneros "nobres", como as artes plásticas, a mercantilismo hoje imperante no circuito das mostras internacionais e das galerias particulares indica que quase não existe mais juízo estético isento de interesse econômico?[6] O que vem a definir qualidade propriamente estética se uma obra qualquer pode reivindicar existência simplesmente por veicular uma mensagem tida por politicamente correta, como ironicamente tem apontado Robert Hughes?[7] O que é mais importante para fazer florescer um segmento artístico qualquer em uma localidade determinada: fomentar a produção local ou exibir aos artistas locais o que se faz fora? Quando se fala "fora", isso quer dizer o que é feito em um grande centro no próprio país em que se está ou, ao contrário, o que é feito em alguma capital cultural internacional? E como decidir o que é uma capital cultural internacional se elas são hoje múltiplas e se distribuem em vários países? O que é prioritário: formar praticantes ou montar acervos? Proteger o patrimônio ou fomentar eventos? Como conciliar o que os pequenos círculos de produtores culturais acreditam que se deva fazer com aquilo em que os cidadãos (por definição, a população a ser contemplada pela política cultural) estejam mais interessados? O modo de operação corporativa do financiamento público à ciência pode ou não ser estendido à cultura artística? E com que consequências?[8] Como avaliar o papel da

6. Dois estudos esclarecem muito bem isso: A. Verger, "L'Art d'Estimer l'Art. Comment Classer l'Incomparable?", *Actes de la Recherche en Sciences Sociales*, Paris, n. 66/67, pp. 105-121, mars 1987; e D. Crane, "Avant-garde Art and Social Change: The New York Art World and the Transformation of the Reward System, 1940-1980", em R. Moulin (éd.), *Sociologie de l'Art*, Paris, La Documentation Française, 1986.
7. R. Hughes, *Cultura da Reclamação: O Desgaste Americano*, São Paulo, Companhia das Letras, 1993.
8. A rede de agências de financiamento à ciência mantida pelo governo federal e por alguns governos estaduais no Brasil é considerada bastante satisfatória. Ela assegura a um grande número de professores e pesquisadores brasileiros a oportunidade de se titularem e de se reciclarem dentro e fora do país. Todavia, é um sistema em que os cientistas têm autonomia plena para decidir o que deve ou não ser financiado.

indústria cultural no conjunto da cultura de um país quando se sabe que ela recicla, ampliando o consumo, obras originárias da cultura erudita e da cultura popular? Ou quando se sabe que ela promove com muita facilidade uma nefasta massificação?[9] Como definir política cultural e dispêndio público em cultura quando a meta básica do governo é gerar empregos, como ocorre hoje na França? O que fazer ou deixar de fazer quando se sabe que nos últimos vinte anos os novos aparelhos eletrônicos, ao multiplicar as possibilidades de desfrute cultural em domicílio, vêm afetando mais o consumo cultural coletivo do que os vastos orçamentos públicos e privados que nos países ricos são usados para levar mais pessoas a práticas de elite em recinto aberto, como museus, teatros e salas de concerto?[10] O que fazer ou deixar de fazer diante da nostalgia – tal como sentiu Néstor García Canclini – de ver entre descendentes de povos pré-colombianos, que esculpem há séculos imagens ancestrais, felizes artesãos integrados ao mercado, satisfeitos de falar espanhol e inglês com os turistas e de esculpir objetos inspirados em peças de arte moderna de museus de Nova York?[11] Depois de tanto se criticar o desinteresse do público pela cultura de elite em nosso continente, como explicar que uma exposição itinerante, como a do escultor Rodin, atraia quatro a cinco mil pessoas por dia em São Paulo ou Rio de Janeiro? Se as bienais internacionais de artes plásticas existem, como o nome indica, para mostrar os avanços mais recentes da arte, como entender que os visitantes quase só se interessem pelas salas onde estão as retrospectivas de artistas falecidos há muito tempo?[12] As respostas a essas e outras tantas questões certamente não são simples, mas o agente cultural deve de ter pelo menos noção de por onde passam as explicações para processos

9. É absolutamente necessário que o gestor cultural conheça as funções cumpridas pela indústria cultural nos sistemas culturais das sociedades complexas como única saída para evitar que ele se confine na retórica conservadora e equivocada que tende a somente ver, na cultura de massa, mediocridade e estereotipação.
10. Ver O. Donnat & D. Cogneau, *Les Pratiques Culturelles des Français, 1973-1989*, Paris, La Découverte/La Documentation Française, 1990.
11. Ver N. G. Canclini, *Culturas Híbridas: Estrategias para Entrar y Salir de la Modernidad*, Consejo Nacional para la Cultura y las Artes/Grijalbo, Ciudad de México, 1990 [trad. bras.: *Culturas Híbridas. Estratégias para Entrar e Sair da Modernidade*, 4. ed., São Paulo, Edusp, 2006].
12. Essa constatação é recente, mas a obsolescência de um megaevento como a Bienal Internacional de Artes Plásticas de São Paulo já vem sendo indicada faz um bom tempo. Ver, a respeito, J. Klintowitz, *30 Segundos de Televisão Valem mais do que Dois Meses de Bienal de São Paulo: Isso é Bom ou Ruim?* (São Paulo, Summus, 1981), onde o autor imagina, com bom humor, as múltiplas atividades culturais que poderiam usar melhor a imensa área ocupada pela Bienal.

tão instigantes. Para isso, é preciso pensar em teoria, e tentar convertê-la em diretrizes de ensino?[13]

2.5. *Os Eixos Teóricos de Formação do Agente Cultural*

Um profissional para atuar na definição de prioridades, no desenho e no acompanhamento de projetos culturais, em contato simultâneo com autores, artistas, com outros intermediários (eventualmente com patrocinadores privados) e também com o destinatário final da cultura é alguém que precisa ter formação sólida e espírito versátil[14].

É preciso que ele entenda, antes de tudo, a lógica da cultura em sociedades complexas, ou seja, em sociedades em que coexistam cultura de elite, indústria cultural e cultura popular. Está aí incluída a capacidade para analisar, sem ingenuidade nem preconceitos, a lógica econômica de cada um desses três domínios e os rendimentos econômicos, de prestígio e de popularidade que em cada um deles seja possível obter.

Mas é preciso também um mínimo de entendimento dos regimes políticos e das relações entre Estado e cultura, pois só assim saberá ele quais são as modalidades de intervenção que o Estado pode fazer na área de cultura. Só assim esse profissional poderá ter noção segura dos condicionantes políticos e institucionais para uma administração eficiente no contexto de uma política cultural efetivamente democrática.

Por fim, o conhecimento da lógica da concorrência entre empresas e dos fundamentos das estratégias de médio e longo prazos postas em prática pelas grandes corporações é um requisito para o adequado entendimento da razão de ser, do alcance e dos limites do patrocínio privado à cultura.

13. As considerações que seguem resultam da experiência apurada nas aulas e debates havidos desde 1994 no Curso de Administração da Cultura, organizado pelo Centro de Estudos da Cultura e do Consumo (CECC), da Escola de Administração de Empresas de São Paulo, Fundação Getúlio Vargas (EAESP/FGV), embora a responsabilidade deste artigo seja só do autor. Para descrição desse programa de ensino, ver J. C. Durand, "Lazer, Cultura e Profissão", em N. C. Marcellino (org.), *Lazer: Formação e Atuação Profissional*, Campinas, Papirus, 1995, pp. 55-62.
14. As disposições pessoais que permitem definir aptidão para animador cultural (e, por extensão, a todo tipo de gestor cultural) estão muito bem apresentadas em dois textos de Erivelto Busto Garcia incluídos na antologia de N. C. Marcellino, *Lazer: Formação e Atuação Profissional*. São eles: "Os Novos Militantes Culturais", pp. 23-54 e "Radicais, Conformistas e Alternativos – Aspectos da Política de Recursos Humanos para o Lazer do Sesc de São Paulo", pp. 135-148.

Conhecendo-se esse alcance e esses limites, ele por sua vez tenderá a moderar seu otimismo quanto à crença neoliberal na eficiência do mercado para o apoio da cultura e assim respeitará melhor o território e as atividades que precisam ficar ao encargo do Estado.

2.6. Os Eixos Práticos da Formação do Agente Cultural

A capacidade de perceber que os bens culturais são diferentes dos bens econômicos em geral, em termos das leis da economia, é indispensável ao agente cultural. Em consequência, deve ter em mente que o *marketing* cultural não é uma extensão pura e simples do *marketing* que faz vender sabonetes ou automóveis[15].

Da informática podem ser retirados recursos sem fim para simplificar o preparo, orçamento e acompanhamento de projetos. Os computadores também permitem simplificação de pesquisas que retratem mais rapidamente o perfil e os hábitos do consumidor cultural.

Uma introdução aos direitos culturais – direito de autor, incentivos fiscais à cultura e proteção do patrimônio, entre outros, também são ferramentas que o agente cultural não pode desconhecer.

Finalmente, como cada gênero cultural tem sua história particular em cada país, é importante que o agente cultural tenha noção de seu desenvolvimento ao longo do tempo. Daí a importância de se oferecer a ele "diagnósticos setoriais" – por exemplo, o estado geral das artes plásticas, das artes cênicas, da música, em determinado país ou região. Os estudos de caso – ferramenta de utilidade mundialmente reconhecida no ensino da administração – ajudam a treinar o profissional diante de situações concretas, aumentando sua capacidade de decisão.

Em síntese, para bem exercer seu ofício, o agente cultural tem de conhecer o que sua época oferece como possibilidades de entendimento do campo da cultura e como recursos administrativos. Para isso, seguramente ele precisa despojar-se de receios impostos por ideologias de origens variadas. Por exemplo, precisa deixar de crer que o Estado possa tudo fazer ou tudo delegar à iniciativa privada em termos de cultura. Tem de aceitar

15. Ver F. Colbert, *Le Marketing des Arts et de la Culture*, Boucherville, Québec, Gaëtan Morin, 1993.

que o fato de se analisar economicamente a cultura não é uma forma de violentá-la, mas antes de poder geri-la melhor. Não pode ser ingênuo a ponto de acreditar que tudo o que os países desenvolvidos oferecem sob o rótulo de vanguarda mereça respeito indiscutível, como se esse conceito estivesse acima de qualquer suspeita. Sobretudo, não pode achar que cultura é o território do desinteresse, como ainda tentam fazer crer ideologias sustentadas por quem é muito rico ou por quem trabalha para passar fome e faz disso uma virtude[16].

16. Para uma descrição das formas de manifestação da "ideologia do desinteresse", assim como de suas funções e consequências da glorificação da miséria econômica no campo artístico, ver, de P. Bourdieu, "O Mercado de Bens Simbólicos" e outros textos seus contidos em S. Miceli (org.), *A Economia das Trocas Simbólicas*, São Paulo, Perspectiva, 1974.

3

Patrocínio Empresarial e Incentivos Fiscais à Cultura no Brasil: Análise de uma Experiência Recente*

3.1. Introdução

Se, por mecenato, entendermos os patrocínios e doações econômicas de vulto, por meio dos quais pessoas de fortuna, de livre e espontânea vontade, enriquecem o patrimônio e o repertório cultural coletivos, será forçoso reconhecer que se trata de fato incomum no Brasil[1].

Basta lembrar, de início, que o Brasil não conheceu um patronato mecenas antes que se iniciasse a implantação no país do moderno sistema de patrocínio corporativo às artes[2]. E salientar que essa ausência, por sua vez, contribuiu para que esse sistema surgisse com certo atraso e se desenvolvesse com dificuldade, quando se compara o Brasil com outros países.

* Texto em coautoria com Maria Alice de Gouveia, então técnica da Secretaria Municipal de Cultura de São Paulo e pesquisadora associada do Centro de Estudos da Cultura e do Consumo (CECC) da Fundação Getúlio Vargas, São Paulo, e Graça Berman, atriz, produtora cultural e, na ocasião, membro do Conselho Municipal de Cultura da Cidade de São Paulo (1996).

1. Esta definição exclui da categoria de mecenas as pessoas que fomentaram cultura usando recursos públicos ou de terceiros, embora possam ter tido atuação chave no campo cultural. E também aqueles empresários que retiram prestígio do fato de comporem conselhos de entidades culturais, sem a contrapartida de doações significativas. Numerosas pessoas celebradas como mecenas no Brasil, do século passado até hoje, não mereceriam ser chamadas como tal, no rigor técnico da definição.
2. Ver J. C. Durand, "Business and Culture in Brazil", em R. Martorella (ed.), *Business and Culture: An International Perspective on Sponsorship*, Westport, Connecticut, Praeger, 1996, pp. 65-80.

O moderno patrocínio corporativo tem como primeira característica o fato de que é a empresa – e não o empresário ou sua família – o agente da ação. Ou seja, ainda que possa haver a mão forte de um proprietário ou presidente sensível às artes, as doações ou patrocínios são decididos em função de uma estratégia corporativa e não de caráter individual--familiar. Argumenta-se que, no Brasil, esse grau de institucionalização ainda é muito frágil e que a mudança de nomes na composição das diretorias das empresas afeta enormemente a continuidade de sua ação cultural.

Outra característica é que, nesse sistema, doações ou patrocínios costumam resultar de decisões tomadas com o objetivo de haver retorno de prestígio para a imagem da empresa e/ou de seus produtos. Ou, para usar o jargão do próprio *marketing* cultural, o investimento em cultura serve para "qualificar" o conjunto das ações de comunicação da empresa com o mercado e com a sociedade. Não se confunde assim com os aportes financeiros feitos em produtos da indústria cultural, âmbito no qual cultura se exprime através de mercadorias destinadas a gerar lucro econômico para seus produtores.

Para a busca de doações e patrocínios costumam ser necessários profissionais especializados em dar a iniciativas culturais o formato de projetos de interesse empresarial. Esse trabalho inclui, entre outros aspectos, a habilidade e a sensibilidade em localizar pontos de afinidade entre o evento ou bem cultural para o qual se procura recursos e a posição que determinada empresa ocupa ou pretende ocupar no mercado, em termos de tamanho, ramo de atividade, perfil de público consumidor etc.

Além de profissionais especializados fazendo a mediação entre o campo empresarial e o campo cultural, esse sistema com frequência também supõe certos benefícios assegurados por lei a doadores ou patrocinadores. Em geral, são leis que estabelecem benefícios tributários (nos impostos sobre a renda ou sobre a transmissão do patrimônio ou outros) para pessoas físicas ou jurídicas que fizerem doações ou patrocínios culturais ou ainda que decidirem investir em cultura com a finalidade de lucro. E também, como resultado de uma prática rotineira, que tende a atrair um número crescente de empresas, esse sistema costuma favorecer o surgimento de associações para orientar os empresários em suas decisões em matéria de doações e patrocínios[3]. Ao enaltecer as virtudes do patrocínio cultural, ao estimular o debate do assunto e ao divulgar estatísticas a respeito, tais associações ajudam a aumentar o número de empresas que patrocinam cultura. Contribuem para que se conheçam os totais aplicados pelas empresas conforme seu tamanho e ramo de negócios, assim como o tipo de atividade cultural fomentada. Igualmente, ajudam a identificar quais são as áreas que se apresentam aos homens de empresa como concorrentes à área de cultura na disputa pela verba institucional de reforço de imagem. A propósito, cabe esclarecer que as principais áreas são: esporte, meio ambiente, assistência social e educação, ciência & tecnologia. Em um país como o Brasil, onde a devastação ecológica e os níveis de pobreza são mundialmente criticados, e onde o esporte faz vibrar multidões, é fácil concluir que a opção cultura enfrenta fortes adversários nas decisões das empresas.

O moderno mecenato corporativo surgiu nos Estados Unidos, nos anos 1960[4], em uma época de prosperidade econômica e de início de uma mutação muito significativa nas estratégias empresariais. Trata-se da passagem da produção de massa e da comunicação indiscriminada com o mercado, através da mídia *broadcasting*, para uma etapa na qual os produtos são feitos para fatias cada vez menores do mercado e divulgados por uma comunicação mais seletiva e dirigida. Dizem os teóricos da administração que isso corresponde ao movimento de amplitude mundial e irreversível de segmentação interna dos mercados nacionais de consumo.

É possível dizer que, no Brasil dos anos 1990, estejam presentes todas as características até aqui mencionadas. Algumas, é claro, apenas de forma embrionária[5]. Isso autoriza dizer que o moderno sistema de patrocínio

3. Entidades para coordenação e fomento da ação empresarial no campo da cultura existem hoje em catorze países: Alemanha, Áustria, Bélgica, Canadá, EUA, França, Grécia, Holanda, Hong-Kong, Inglaterra, Irlanda, Israel, Japão e Suécia. Relação essa apresentada por um produtor cultural de São Paulo, Yacoff Sarkovas, em "Arte-empresa: Parceria Multiplicadora", M. Mendonça (org.), *Lei de Incentivo à Cultura: Uma Saída para a Arte*, São Paulo, Carthago & Forte, 1994, p. 50.
4. Mais especificamente em 1967, quando, liderados por Nelson Rockefeller, os empresários norte-americanos criaram o Business Committee for the Arts, que ajudou a canalizar para a cultura, já no ano de fundação, 22 milhões de dólares, soma que, por volta de 1990, ultrapassava um bilhão de dólares anual, conforme Yacoff Sarkovas, "Arte-empresa: Parceria Multiplicadora", *op. cit.*
5. Elemento certamente mais embrionário ainda é a associação patronal para fomento à cultura. Embora não exista nenhuma instituição assim especializada no Brasil, é indispensável mencio-

corporativo à cultura está em fase de implantação e leva a admitir que, se progresso maior ainda não houve, é porque fatores adversos de maior amplitude ainda impõem efeitos paralisantes.

Entre esses fatores há os de caráter macroeconômico: recessão prolongada e hiperinflação (de 1980 a 1994), queda nos lucros, elevadas margens de evasão e sonegação fiscal e constantes mudanças nas regras tributárias. Há também os de natureza político-administrativa: por exemplo, mudanças excessivas de comando da área cultural pública (de ministros, secretários e funcionários graduados), e desprofissionalização e baixos salários dos técnicos do setor. Ou ainda uma opinião pública não suficientemente exigente com relação ao comportamento ético, cívico e ambiental de suas empresas (embora inegáveis progressos estejam ocorrendo nesta frente, como se viu quando do preparo da Constituição em 1988 e do exercício de *lobby* político que desde então ela vem suscitando nas empresas privadas). A propósito, sabe-se que há ramos de negócios para os quais é mais aguda a necessidade de reparar imagem ou de reforçá-la positivamente através do *marketing* cultural: é o caso das indústrias de bebidas alcoólicas e tabaco e da petroquímica, em sua ameaça à saúde humana e ao meio ambiente, ou o caso dos bancos, que trabalham uma mercadoria comum (dinheiro) e só podem se demarcar na mente do público em termos da associação de seu nome e logotipo com cultura, esporte ou beneficência. Finalmente, os de ordem cultural, entre os quais está o nível menos sofisticado de consumo cultural dos dirigentes de empresa brasileiros quando comparado ao de seus colegas de países avançados. Também aqui, a rápida elevação dos níveis de escolarização superior nesse segmento social no Brasil obriga a reconhecer que as coisas vêm melhorando com maior velocidade.

Como os argumentos até aqui apresentados estão mais desenvolvidos em outras publicações[6], é mais interessante passar ao exame de um ponto específico bastante atual e em relação ao qual há resultados de pesquisa ainda iné-

nar a existência, desde 1992, do Grupo de Institutos, Fundações e Empresas (Gife). Fundados na premissa da cidadania participativa, os empresários ligados ao Gife pretendem, através dele, "incentivar ações de parceria, o intercâmbio de ideias e a participação solidária na busca de alternativas para os problemas sociais brasileiros através da filantropia privada". Esse grupo reúne cinquenta instituições, que movimentam cem milhões de dólares por ano de recursos próprios em projetos "de natureza social, econômica, cultural e científica".

6. Ver, por exemplo, de J. C. Durand, "A Delicada Fronteira entre Empresa e Cultura", em M. Mendonça (org.), *Lei de Incentivo à Cultura...*, pp. 31-39.

ditos. Refere-se à legislação fiscal até agora criada pelo poder público (federal, estadual e municipal) para incentivar empresários a fomentar cultura.

3.2. A Experiência de Incentivos Fiscais à Cultura no Brasil: 1986-1995

3.2.1. A legislação federal: Lei Sarney e Lei Rouanet

A primeira lei de incentivos fiscais à cultura foi de nível federal. Apresentada ao Congresso Nacional em 1972, só conseguiu aprovação definitiva em 1986, quando o parlamentar autor do projeto – José Sarney – tornou-se presidente da república pelo voto indireto e pelos azares de uma sucessão imprevista. Depois de duas décadas de regime militar, Sarney, eleito vice-presidente, tornou-se o primeiro presidente civil, assumindo o poder em virtude da morte de Tancredo Neves, o presidente escolhido pelo Congresso Nacional.

Conhecida como Lei Sarney, a primeira lei de incentivo teve vida relativamente curta. Ficou em vigor até março de 1990, e seus resultados quantitativos ainda não foram divulgados oficialmente nem avaliados com rigor. Sabe-se que o total de captação, durante toda sua vigência, foi da ordem de 450 milhões de dólares; mas não se conhece a distribuição desses recursos segundo sua origem ou destino. A particularidade mais criticada dessa lei foi a de que, ao não exigir aprovação técnica prévia de projetos culturais, mas apenas o cadastramento como "entidade cultural", junto ao Ministério da Cultura, das pessoas e firmas interessadas em captar recursos das empresas, a lei teria favorecido muito abuso. Entre outras razões porque qualquer nota fiscal emitida por uma entidade cadastrada poderia ser usada pelo seu destinatário para abatimento fiscal, independentemente de se referir ou não a despesa efetiva com projeto cultural. O número de inscritos no MinC foi de 7200, o que deve ter significado umas dez mil pessoas físicas ligadas à cultura em todo o país.

Outra crítica insistente era de que a lei não distinguia, entre as iniciativas culturais, aquelas que de fato precisavam de incentivo, podendo assim ser usada inclusive para grandes espetáculos de caráter nitidamente comercial. Finalmente, recriminava-se o fato de que a lei acolhia inclusive projetos culturais sem caráter público, como era o caso das edições de luxo que as empresas gostam de oferecer como presente a seus fornecedores e clientes no fim do ano.

A Lei Sarney foi revogada junto com todas as demais leis de incentivo fiscal vigentes por ocasião do primeiro plano de contenção inflacionária adotado pelo Presidente Collor, em março de 1990. Numa postura neoliberal extremada, Collor acreditou que o mercado substituiria o governo no fomento à cultura no país. Assim, determinou logo depois de sua posse o encerramento de atividades das principais instituições federais da área cultural. Após um período particularmente turbulento, em meados de 1991, foi aprovada uma nova lei de incentivo fiscal à cultura. É a Lei n. 8.313/91, elaborada quando era ministro da cultura o embaixador Sérgio Paulo Rouanet.

Essa nova lei introduziu a aprovação prévia de projetos por parte de uma comissão com representantes do governo e de entidades culturais. Criou três mecanismos de apoio: o FNC (Fundo Nacional de Cultura), que destina diretamente recursos a projetos culturais através de empréstimos reembolsáveis ou cessão a fundo perdido a pessoas físicas, a pessoas jurídicas sem fins lucrativos e a órgãos culturais públicos; os Ficart (Fundos de Investimento Cultural e Artístico), que são disciplinados pela CVM (Comissão de Valores Mobiliários) e organizam formas de investimento em projetos; e o Incentivo a Projetos Culturais, que gera benefícios fiscais para os contribuintes do Imposto sobre a Renda que apoiarem projetos culturais sob a forma de doação ou patrocínio.

Todavia, ao impedir a remuneração de intermediários, ao enrijecer o processo de avaliação de projetos e ao estabelecer em nível muito baixo o percentual de imposto que as empresas poderiam dirigir à cultura, a nova lei não conseguiu mobilizar parcela significativa dos recursos postos à disposição[7]. Em 1994, os sessenta projetos viabilizados pela Lei Rouanet corresponderam apenas a 17,8% dos projetos aprovados. Foram 13,6 milhões de dólares usados pelos produtores culturais, ou seja, uma pequena parte do total de 100,8 milhões de dólares aprovado para o mesmo período. Como os resultados dos anos anteriores não são muito diferentes, é lícito concluir

7. Entenda-se aqui por recursos "postos à disposição" o total dos impostos que o governo concorda, em determinado ano, em deixar de receber dos contribuintes para apoiar a cultura. Não significa uma massa de recursos nos cofres do governo e pronta para ser transferida aos artistas e produtores culturais. É apenas um limite superior de gastos que a autoridade financeira autoriza a autoridade cultural a aprovar, como somatório global dos orçamentos dos projetos aprovados.

que, até fins de 1994, a Lei Rouanet tenha efetivamente canalizado à cultura uma quantia de recursos muito inferior à Lei Sarney.

No início da gestão de Francisco Weffort no Ministério da Cultura, em janeiro de 1995, encarou-se a reforma da Lei Rouanet como tarefa prioritária. O percentual de imposto sobre a renda passível de ser usado como incentivo fiscal aumentou de 2% para 5%. Todo tipo de pessoa jurídica tornou-se apta a incentivar projetos culturais. Anteriormente, eram contempladas apenas as pessoas jurídicas tributadas com base no lucro real.

Desde que explicitadas na planilha de custos e sujeitas a exame técnico, passou a ser permitida a inclusão de despesas referentes à contratação de serviços para elaboração, difusão e divulgação de projetos culturais e para captação de recursos junto a contribuintes e incentivadores. Anteriormente, apenas os serviços de elaboração de projetos estavam previstos, e ainda assim limitados a 10% do valor do projeto. Consequências positivas dessas medidas já estão sendo sentidas. Segundo José Álvaro Moisés, Secretário de Apoio Cultural do MinC[8], a média de trezentos projetos anuais recebidos pela Comissão Nacional de Incentivo à Cultura (CNIC), no período 1993-94, já foi ultrapassada no primeiro semestre de 1995, durante o qual a Comissão recebeu 650 projetos. A prosseguir nesse ritmo, o movimento de 1995 deverá ser o quádruplo dos anos anteriores. Para o fomento ao cinema, regulado por uma lei especial, a Lei do Audiovisual, os oito milhões de reais canalizados em 1994 deverão passar a 34 milhões até o fim de 1995. Assim, espera-se que o número de filmes de longa metragem resultantes salte de nove para 39 no mesmo período[9].

A partir das mudanças feitas em 1995, o MinC poderá delegar a análise, a aprovação e o acompanhamento de projetos a Estados e municípios que tenham suas próprias leis de incentivo à cultura e que estruturarem um órgão colegiado no mínimo paritário entre representantes governamentais e dos diversos segmentos culturais e artísticos.

8. Informação transmitida na abertura do evento Economia da Cultura: As Leis de Incentivo, ocorrido em São Paulo, em 12 de setembro de 1995.
9. Dados fornecidos por representantes da Comissão de Valores Mobiliários (CVM), recentemente. Dos 48 roteiros de filmes à busca de financiamento, oito já estão com os recursos captados junto a investidores no mercado.

3.2.2. A legislação estadual e municipal criada a partir de 1990

Em meados de 1995, dispunham de leis aprovadas de incentivo fiscal à cultura o Distrito Federal (Brasília), quatro Estados (Pará, Pernambuco, Rio de Janeiro e São Paulo), oito capitais estaduais (Aracaju, Belo Horizonte, Curitiba, Rio de Janeiro, Salvador, São Paulo, Teresina e Vitória) e três outros municípios: Londrina, São Bernardo do Campo e Uberlândia. Esse rol não inclui municípios que apenas tinham fundos de amparo às artes, como é o caso de Porto Alegre, Santo André e São José dos Campos, além do Estado do Espírito Santo[10]. Há, finalmente, outras partes do país em que consta haver – mas não foi possível confirmar – leis ou projetos de lei de incentivo fiscal à cultura: municípios de Araraquara, Botucatu, Limeira e Piracicaba e Estados do Ceará, Piauí, Santa Catarina e Rio Grande do Sul.

As leis de âmbito estadual e municipal começaram a surgir no início desta década. Enquanto as primeiras reservam um percentual do ICMS (Imposto sobre Circulação de Mercadorias e Serviços), as segundas valem-se de tributos como o IPTU (Imposto sobre a Propriedade Territorial Urbana) e o ISS (Imposto Sobre Serviços). A legislação municipal tomou dianteira de tempo em relação à estadual, se bem que, em ambos os níveis, o mais frequente são os casos de implantação lenta. Há defasagens, às vezes longas, entre a apresentação da lei ao Legislativo, sua aprovação, sua regulamentação, a montagem de comissões de avaliação e a publicação dos primeiros editais.

3.3. Traços das Leis de Incentivo

Um primeiro traço geral das leis de incentivo é a intenção de que elas estimulem as empresas a mobilizar uma parcela de seus recursos próprios no apoio a projetos culturais e assim possam abater um percentual de algum imposto a pagar. A participação dos recursos próprios varia entre 20% e 30% do custo de cada projeto, o que significa dizer que uma empresa só pode custear até 80% de um projeto com recursos que terão isenção fiscal. Entende-se que, se a lei não força a empresa a entrar com recursos próprios, é como se o governo sacrificasse uma massa de dinheiro público capaz de

10. Levantamento feito pelo Centro de Estudos da Cultura e do Consumo (CECC), da EAESP/FGV, entre janeiro e maio de 1995, junto a secretarias municipais e estaduais de cultura.

ser empregada diretamente por suas instituições culturais, para agir indiretamente, deixando às empresas a decisão de o que financiar. Em outras palavras, seria como sacrificar receita pública convertendo-a em reforço do orçamento publicitário das empresas.

Um segundo traço é que todas as leis supõem o exame técnico de projetos como condição necessária para o financiamento. Em geral, o exame deve ser feito a partir de convocatórias públicas de projetos através de editais periódicos (trimestrais, quadrimestrais ou semestrais). As comissões que os analisam costumam contar com representantes do Poder Executivo (municipal ou estadual) das áreas de cultura e finanças e de certo número de representantes de sindicatos ou outras associações de artistas ou produtores culturais. Com exceção das leis municipais de São Paulo e de Salvador, que admitem maioria para os representantes de entidades culturais (sete entre dez votos, em São Paulo, e cinco entre sete votos, em Salvador), nas demais se vê um equilíbrio entre os representantes do governo e das entidades artísticas. Como casos-limite, as leis dos municípios de Londrina e de Teresina concentram poder em mãos de representantes das áreas de finanças, cultura e da chefia do Executivo municipal. São indicados pela prefeitura sete dos doze membros previstos pela lei de Teresina e todos os membros da comissão já atuante em Londrina. O primeiro caso é caricatural: é o próprio prefeito, em pessoa, quem nomeia cinco membros, o mesmo número que as entidades culturais. Ou os prefeitos de Teresina costumam ser mais envolvidos e versados em cultura que os do resto do país, ou a sociedade civil local está em nível tão baixo de organização que não existem entidades organizadas na área cultural, ou é clientelismo explícito mesmo.

Em nível estadual, a do Rio de Janeiro também prevê maioria de três para um entre os representantes do governo e das entidades culturais (ou seja, doze do governo e quatro das entidades culturais).

Um terceiro traço é que todas as leis vedam relações de proximidade social (parentesco e/ou participação em negócios comuns) entre membros das comissões de avaliação e autores de projetos. Como, durante o período em que permanece como membro de uma dessas comissões, assim como no ano seguinte ao seu desligamento, ninguém pode recorrer a elas, a participação nessas comissões significa muitas vezes considerável sacrifício econômico pessoal de algum artista ou produtor cultural. A apreciação de projetos e seu acompanhamento são cansativos e não remunerados.

Somando-se o tempo de trabalho em casa com o passado em reuniões, ele consome dois dias inteiros por semana durante o mês que segue a cada um dos três editais abertos a cada ano e um dia inteiro por semana no restante do ano. É o tempo que cada membro tem para ler e analisar o conteúdo e o orçamento de trinta a quarenta projetos, ou examinar suas prestações de contas[11]. As leis procuram também evitar ligações de interesse entre financiados e financiadores. A esse respeito, a lei federal é uma exceção, pois aceita que os grandes grupos econômicos possam manter instituição cultural permanente e aplicar, por meio dela, os seus recursos de isenção fiscal. São os casos dos institutos ou fundações filiados, por exemplo, a bancos e grupos financeiros. Em nível municipal, a lei de São Paulo também é exceção, posto que não proíbe vinculação entre produtor cultural e contribuinte.

Uma quarta característica do sistema é vedar às comissões a rejeição de projetos culturais a partir de uma avaliação de mérito. Em um domínio como o artístico, em que a noção de qualidade perdeu a base segura de referência que tinha na era da estética acadêmica (até século XIX), ficou mais fácil o consenso em torno da ideia de que os técnicos das comissões de avaliação não devessem aprovar ou rejeitar projetos com base em juízos de valor. Havia, ademais, a lembrança ainda recente das interdições arbitrárias dos censores do regime militar (1964-1985), a reforçar um consenso que, em última instância, ampliava a liberdade de produtores e patrocinadores em propor o que lhes parecesse mais adequado e conveniente. Assim, devem as comissões limitar-se a examinar apenas a clareza e a precisão de cada projeto, o realismo dos orçamentos e prazos de execução, e demais condições previstas em lei. Resta saber como se comporta, na prática, tão enfática demonstração de neutralidade contida nas leis.

Um quinto traço é que a aprovação do projeto não é garantia de seu financiamento, como ocorre no sistema de fundos de fomento cultural ou científico. Nestes, quando o projeto é aprovado, ele já está garantido, pois os recursos estão disponíveis. No caso dos incentivos fiscais, geralmente a aprovação do projeto apenas credencia, por certo período de tempo, o seu autor (ou alguém em seu nome) a procurar uma empresa que o patrocine,

11. Esses cálculos foram feitos por pessoa experiente na administração da lei municipal de São Paulo. Seria de se perguntar o desastre que aconteceria se essa restrição de apresentar projetos fosse utilizada pelas agências de fomento à ciência, cuja clientela tem nas bolsas de pesquisa um complemento precioso de seus parcos vencimentos de professores universitários.

embora possa haver casos em que o autor já nomeie uma empresa como interessada. Ou seja, a aprovação tem um período de validade determinado. É claro que, se existe o risco de os produtores culturais não encontrarem patrocinadores para seus projetos, será razoável que as comissões tenham o direito de aprovar projetos em um valor superior ao disponível, o que tende a acontecer, como já ocorre na lei do Município de São Paulo. Mas as leis tendem a restringir essa possibilidade, uma vez que trabalham geralmente dentro de parâmetros fixos: *a.* o percentual da massa de um mesmo imposto que os contribuintes podem sacrificar para o apoio à cultura (20% na grande maioria dos casos, podendo chegar até 50% no caso da lei estadual paulista); *b.* o percentual das estimativas de arrecadação do respectivo imposto, que varia entre 2% e 5%; *c.* nenhum projeto, individualmente considerado, pode representar mais do que determinado percentual dos recursos colocados à disposição dos agentes culturais, para evitar que um ou alguns megaprojetos açambarquem a totalidade ou a maior parte dos recursos.

Um sexto traço é que infelizmente não se encara com bons olhos a remuneração de especialistas em formatar, produzir, administrar e captar recursos para projetos culturais. (Há leis que aceitam essa remuneração, limitando-a a um percentual máximo sobre o valor do projeto.) Tenta-se assim evitar a formação de um segmento de especialistas em produção cultural, como se isso introduzisse alguma distorção irremediável. Outro cuidado que se vê em alguns textos legais é evitar que eventos mundanos (como coquetéis de *vernissage* ou noites de autógrafo) consumam parcela importante dos recursos previstos para um projeto cultural.

Um sétimo traço diz respeito à possibilidade de o próprio governo criador do incentivo poder beneficiar-se dele. Ou seja, de as próprias agências governamentais de conservação ou fomento poderem apresentar projetos às comissões. As leis em geral aceitam essa possibilidade de concorrência, ressalvando que qualquer projeto de governo tem de competir "em pé de igualdade" com projetos apresentados por particulares. Percebe-se aí o grande perigo que o sucesso dessas leis introduz: o de os governos quererem transferir para os incentivos as despesas correntes com sua programação ou com a manutenção de centros culturais.

Um oitavo traço é que a definição dos segmentos culturais e atividades financiáveis através das leis varia de uma localidade a outra. Ou seja, como a cultura artística, além de múltipla em termos de linguagem, é suscetível de ter seu sistema de classificação flutuante ao longo do tempo, as definições de gêneros e atividades cobertas varia de uma a outra. Eventos e proteção ao patrimônio estão previstos em todas. A pesquisa em artes já não é frequente, e infelizmente apenas em uma lei inclui-se apoio na forma de bolsas de estudo.

Uma nona e última característica é o âmbito sociogeográfico de cobertura das leis: exigência de que os candidatos a verbas residam no município ou Estado há um mínimo de tantos anos, prioridades no financiamento de iniciativas que focalizem a cultura local, ou a exigência de que a iniciativa se realize ou seja divulgada em primeira mão no município ou Estado que criou a lei são os requisitos mais comumente estabelecidos.

3.4. Resultados Alcançados e Perspectivas

Embora a maioria das leis aqui comentadas não tenha produzido resultados reais em intensidade que permita uma avaliação, outras há que já tornam possível alguma inferência.

Em São Paulo, capital, a Lei Marcos Mendonça em seu primeiro ano de funcionamento, 1991, recebeu 253 projetos, dos quais aprovou vinte e viabilizou doze. Conseguiu repassar para os produtores culturais cerca de 272 mil dólares, o que significa uma "taxa de aproveitamento" de 3,4%, posto que o total disponível era de oito milhões de dólares. Três anos depois, em 1994, tanto em número de projetos como em valor efetivamente gasto, seus resultados mostravam crescimento considerável: 453 projetos apresentados, dos quais 236 aprovados e 44 realizados. Estes consumiram 6,5 milhões de dólares ou, aproximadamente, 33% dos 19,5 milhões de dólares disponíveis.

Embora sejam poucas as informações a respeito de quem financia, uma conclusão já se apresenta segura: a de que vem crescendo bastante o número de empresas que aderem às leis de incentivo fiscal à cultura. Em lugar de só se verem os poucos e tradicionais financiadores – grandes bancos privados ou públicos, empresas de petróleo, tabaco e bebidas, empreiteiras –, pode-se verificar um rol ampliado de setores, que inclui empresas de ônibus ou de limpeza pública, estacionamentos, papelarias, gráficas e editoras, fábricas de instrumentos musicais, escolas particulares e hotéis. Enfim, ramos de atividade onde se pode facilmente localizar grandes contribuintes de impostos municipais como ISS ou IPTU. É claro que a nova leva de patrocinadores mobiliza orçamentos pequenos (um ou alguns milhares ou dezenas de milhares de reais), enquanto um grande patrocinador, como acima descrito, tem um orçamento anual em torno de cinco a seis milhões de reais.

No que diz respeito à operacionalidade do sistema, talvez seja preciso aguardar ainda a entrada em vigor de maior número de leis para se poder chegar a um balanço mais fiel. A propósito das leis estaduais, apenas a do Rio de Janeiro entrou em vigor, mas sem resultados quantitativos ainda disponíveis.

Mas, como conciliar, na seleção de projetos, interesses de produtores culturais com as variantes de gosto e preferência dos vários segmentos sociais em matéria de cultura? Como evitar fraudes fiscais sem sacrificar a agilidade necessária ao sistema? Como simplificar a mecânica das leis para aumentar o círculo dos financiadores e dos financiados? Como integrar a participação das várias áreas governamentais afetadas pela legislação de incentivo, visando a seu melhor funcionamento?

Há ainda um número grande de questões a serem equacionadas e resolvidas nesse percurso. Os agentes culturais da etapa que se inicia não poderão mais torcer o nariz à empresa privada, encarando a participação delas em cultura como profanação de um território sagrado.

4

Premiações como Instrumento de Política Cultural: Uma Proposta para a América Latina*

4.1. Introdução

Será possível conhecer o meio artístico mais rapidamente do que pela via costumeira de levantamentos socioeconômicos custosos e demorados e, ao mesmo tempo, protegê-lo contra ameaças à sua autonomia, devidas a interesses comerciais e ao conservantismo político e religioso? Será possível, ademais, aumentar o nível de informação de artistas e críticos acerca de alternativas de política cultural, tornando-os parceiros mais comprometidos com tais escolhas? Este texto procura responder que sim, mostrando que as premiações (festivais de artes cênicas, concursos literários e eventos similares em outras linguagens artísticas) podem constituir ocasiões privilegiadas para isso, embora não costumem ser aproveitadas em todo seu potencial por administradores públicos e formuladores de políticas culturais.

O Brasil é a realidade empírica mais imediata em função da qual a proposta foi concebida. Os países vizinhos da América Latina vêm a seguir. Mas a ideia pode ter alcance mais amplo, uma vez que se apoia em um mecanismo estrutural presente em qualquer sociedade moderna: as instâncias de conservação e consagração da cultura erudita. Nesse sentido, em princípio ela é aplicável a qualquer país cujo sistema cultural comporte um espaço erudito e um espaço popular e uma indústria cultural que incessan-

* 1999.

temente amplia e modifica as condições de criação, circulação e desfrute da obra estética, seja esta erudita ou popular.

A proposta em questão não defende um reforço do poder da burocracia de governo sobre os agentes culturais, o que seria, no mínimo, nefasto para as artes e incompatível com o presente clima neoliberal; pelo contrário, sustenta que o meio artístico será tanto melhor protegido quanto mais seus profissionais (artistas e críticos de arte, sobretudo) souberem administrar coletivamente seus recursos e seus espaços. A administração da ciência, pelo menos no Brasil, oferece pistas importantes do caminho a seguir a esse respeito.

Como percurso explicativo, o texto começa examinando as funções das premiações no campo artístico e aponta seu enfraquecimento nas últimas três décadas. Apresenta a seguir algumas características passadas e presentes do Brasil e de países vizinhos em matéria de sistema político e econômico e suas implicações para a política cultural. Introduz elementos de uma persistente queixa dos intelectuais latino-americanos acerca da dependência do continente em relação às capitais mundiais das artes, situadas na Europa e nos Estados Unidos; por fim, enumera algumas vantagens que uma ação governamental mais efetiva no sistema de premiações poderia trazer a curto e a longo prazos.

4.2. Função dos Prêmios na Vida Cultural

Pierre Bourdieu é certamente quem pensou de forma mais exaustiva e mais apoiada em pesquisa empírica as relações entre a cultura erudita, a indústria cultural e os vários segmentos das classes média e alta. A teorização que ele faz das relações constitutivas do "mercado de bens simbólicos" data do início dos anos 1970. O esforço teórico sucedeu um conjunto de estudos sobre a seletividade social do sistema escolar francês, e, em particular, de seu ápice – as escolas do poder, ou "Les Grandes Écoles" – e as universidades[1]. Por sua vez, o novo conhecimento serviu de base para um grande número de pesquisas a respeito das mais diversas formas artísticas, conduzidas por ele próprio ou por seguidores. Assim, de repente, viraram objeto de interesse sociológico formas de expressão pouco valorizadas, como a moda vestimen-

1. Ver P. Bourdieu, "O Mercado de Bens Simbólicos" e outros textos seus contidos em S. Miceli (org.), *A Economia das Trocas Simbólicas*, São Paulo, Perspectiva, 1974.

tar ou a história em quadrinhos. Sob sua orientação teórica, voltaram a ser examinados os gêneros artísticos mais prestigiados, como a literatura, a música, as artes visuais e a arquitetura. Só que esse exame passou a dirigir mais a atenção à composição social do meio artístico e à dinâmica das relações entre seus agentes. Biografias de artistas e dados quantitativos sobre mercados culturais começaram a ser usados mais intensamente e com poder explicativo maior do que lhes reservava a sociologia da cultura existente até então. Como objetivo final dessa teorização, havia o propósito de descrever e melhor explicar os processos simbólicos que sustentam a dominação de classe. No caso, cabia mostrar como a sociabilidade de elite, e, portanto, a posição da elite no conjunto da classe dirigente, se apoiava, entre outros mecanismos, nos efeitos de prestígio gerados pelo convívio de seus membros com as artes eruditas, elemento importante na definição de sua "excelência".

Para Bourdieu, o crítico de arte respeitado, o museu, as academias literárias e científicas, as revistas com conselho editorial, os festivais de música e artes cênicas, as antologias, o salão de uma família cultivada da elite, todos podem funcionar como instâncias de seleção e conservação cultural. Em outras palavras, as premiações nada mais são do que um caso particular dessas instâncias. Quem é do meio reconhecerá imediatamente o poder de consagração de cada instância; quem não é acabará reconhecendo conforme as portas que se abrem segundo o seu beneplácito ou se fecham em função de suas reprovações. Assim como existe concorrência entre pintores, escritores ou músicos, assim também existe concorrência entre as instâncias de consagração; o valor de cada uma tem de ser aferido relativamente às demais, em um momento específico e no interior de um campo cultural particular – o da pintura, o da literatura, o da música etc.

No esforço de melhorar o *status* de formas artísticas "menos nobres", nascidas na cultura popular ou na cultura de massa, seus agentes também se preocuparam em construir "portas" ou "fronteiras" similares, tentando consagrar indivíduos ou grupos mediante a conservação de suas criações, por meio da montagem de repertórios, cada vez mais amplos e exaustivos, e das intermináveis interpretações e reinterpretações.

Na história das instâncias de conservação e consagração, é preciso distinguir em que regras de jogo elas atuam. Nathalie Moureau, tomando como referência a pintura e analisando as possibilidades de extrapolação e uso dos conceitos das teorias da administração aos processos e instituições culturais, admite que tenha havido uma mudança muito grande quando se passa do academismo (século XIX) ao modernismo (século XX). Seguindo-se sua argumentação, seria ingênuo dizer que a "qualidade" da arte muda de um a outro momento; o que muda, segundo ela, é a "convenção de qualidade", ou seja, o sistema de crenças e os mecanismos institucionais de imputação de qualidade estética a uma obra qualquer, material ou imaterial[2].

No primeiro, o ensino artístico era institucionalizado e o conjunto da sociedade conferia às "academias nacionais" uma espécie de monopólio prático do poder de consagração. Nessas circunstâncias, a presença do Estado nas premiações culturais costumava ser mais forte e legítima. Mas, com a vitória do modernismo e sua ojeriza a tudo que lembre "arte oficial", o processo de consagração ficou diluído, fragmentado em instâncias diversas, muitas vezes sem visibilidade, ao sabor das fortunas de família, dos caprichos e iniciativas individuais, da cobiça de *marchands* e dos acasos de toda ordem. Assume-se aqui que a perpetuação dos princípios de reconhecimento de valor impostos pela "convenção de qualidade", típica do "modernismo", ao sobreviver ao ataque "pós-moderno" e avançar até o presente, esteja fragilizando as fronteiras do meio artístico.

4.3. Enfraquecimento das Instâncias de Consagração Eruditas: 1970-2000

Três décadas atrás, quando as análises de Bourdieu explicitavam as funções de barreira, pedestal e memória, exercidas pelas instâncias de consagração da cultura erudita, o solapamento dessas pela indústria cultural começou a acelerar-se. Olivier Donnat é quem talvez melhor tenha mostrado esse processo, evidenciando o quanto a notoriedade de mídia é hoje confundida, mesmo por pessoas bem informadas, com competência artística ou intelectual[3]. É a confusão entre ambas que aumenta o círculo das pessoas que efetivamente acreditam que os *rankings* de *best-sellers* expri-

2. Ver N. Moureau, "Approche Organisationnelle des Mondes de la Peinture Contemporaine: de la 'Bureaucratie Professionnelle' à 'l'Adhocratie'", *Approches Comparatives en Économie de la Culture*, Paris, InterGroupe de Recherche en Économie de la Culture, Université de Paris I, 1995, pp. 312-326.
3. Ver O. Donnat, *Les Français Face à la Culture*, Paris, La Découverte, 1994, pp. 140-150 [em português: *Mídia e Publicidade: Novos Espaços de Consagração Cultural*, trad. J. C. Durand, São

mam qualidade literária indiscutível, que os *vernissages* mais concorridos e noticiados correspondam sempre a "revelações" de valor artístico, e daí em diante. Talvez se possa dizer que as pessoas tenham uma posição extremada em relação a isso: ou são crédulos demais quanto à isenção e competência dos *rankings* e dos júris de premiação, ou desconfiam de tudo, chegando a considerar todo e qualquer julgamento suspeito de nepotismo ou outras formas de influência política ou econômica. A exposição de artistas e intelectuais eruditos no campo da cultura de massa, seja através dos *endorsements*, de apresentações "espetacularizadas", ou da reprodução em escala de bens criados como únicos, traz em si possibilidades de ganho econômico, mas também alto risco de perda simbólica.

Em suma, a história social da cultura dos últimos vinte ou trinta anos mostra claramente como o interesse comercial vem se infiltrando em instâncias de consagração, a ponto de se tornar indissociável dos interesses propriamente simbólicos dos artistas e críticos. O estudo de Verger sobre as bienais internacionais de artes plásticas, criadas no último pós-guerra, é um bom exemplo. A autora acompanha a composição dos júris e deixa claro que, em praticamente todas as bienais, *marchands* ou outros profissionais direta ou indiretamente ligados ao comércio da arte vêm tendo participação crescente[4]. É possível aqui estender o argumento e incluir também as expressões de cultura popular como suscetíveis de sofrer o avanço do comércio e se ajustar à lógica mercantil, sacrificando sua espontaneidade. É possível também generalizar, reconhecendo que o mesmo acontece nos campos político, científico, religioso, esportivo, educacional, médico etc., sempre que, no confronto interno, agentes mobilizem a mídia e seus conhecidos apoios mercadológicos: a publicidade e as sondagens de opinião[5].

Parece haver consenso de que o saldo final dessa infiltração seja nefasto, no sentido de incrementar o trivial e facilmente "consumível", ou de atrair atenção para o que se queira vender, ou de simplesmente se valorizar mais

Paulo, Centro de Estudos da Cultura e do Consumo (CECC/FGV), 1996 (série Administração Cultural, 24)].

4. Ver A. Verger, "L'Art d'Estimer l'Art. Comment Classer l'Incomparable?", em *Actes de la Recherche en Sciences Sociales*, n. 66/67, pp. 105-121, mars 1987.
5. Ver T. Meenaghan, "Current Developments & Future Directions in Sponsorship", *International Journal of Advertising*, vol. 17, n. 1, pp. 3-28, 1998.

aquilo que, por uma circunstância ou outra, receba mais atenção da mídia. Mas talvez não se tenha percebido que ela será tanto mais nefasta quanto mais for desconhecida e incontrolada.

A questão-chave passa então a ser esta: como fazer para neutralizar uma parte dos efeitos negativos dos interesses do grande capital econômico que controla a mídia e os conglomerados gigantescos da produção de livros e discos sobre a vitalidade e espontaneidade da vida artística, sobre a autonomia do juízo estético e, em consequência, sobre a diversidade e qualidade da produção cultural resultante[6]. Antes disso, é preciso particularizar a situação para a região em que foi pensada.

4.4. Política, Economia e Gestão Cultural: Brasil e América Latina

No Brasil, o sistema educacional é mais frágil, a mídia é toda apoiada na publicidade comercial e as expressões de cultura popular e regional têm mais vigor e variedade, embora sofram rápida incorporação à lógica da indústria cultural. O percentual de público que frequenta as artes eruditas no Brasil é bem menor do que aquele já pequeno percentual que, em países avançados, tem consumo similar. Ainda não existe um mapeamento do consumo cultural pelas várias regiões do país e só recentemente se montam os primeiros calendários de festividades e eventos regionais, cadastros de museus e recenseamentos de espaços, instalações e equipamentos. Isso vem como efeito positivo da difusão da informática nas universidades e na administração pública nos últimos anos. Assim, as carências de informação vêm se suprindo rapidamente, mas, por outro lado, a situação anterior era tão precária que ainda resta muito a fazer.

Uma deficiência grave é que muitos dos indicadores que dimensionam o mercado cultural brasileiro são desconhecidos das próprias autoridades públicas; constituem segredo comercial tanto das editoras mais importantes (no caso de revistas, discos e livros), como de distribuidores estrangeiros,

6. Não esquecer que o recrudescimento da centralização do capital econômico na área da cultura e das comunicações, nos últimos vinte anos, vem seguindo um rumo surpreendente: *holdings* comandadas pelo capital financeiro adquirem não somente estações de rádio e TV e jornais, como também agências de publicidade, editoras, livrarias etc., alterando a lógica de trabalho em cada segmento que passa a subordinar.

particularmente norte-americanos (no caso do cinema)[7]. Da mesma forma, não existe ainda, para o conjunto das formas culturais e para o conjunto do país, um cadastro de premiações, assim como não existe um cadastro de artistas. Por outro lado, dificuldades antigas, de ordem orçamentária e organizativa do organismo federal de estatísticas e informações socioeconômicas, não autorizam muito otimismo em esperar dele o fornecimento, em curto prazo, das estatísticas básicas necessárias a uma visão mais integrada dos processos culturais. Como a construção de cenários depende desses números[8], fica prejudicada a possibilidade de uma visão prospectiva da vida cultural brasileira apoiada em dados confiáveis.

Na América Latina, a esses objetivos universais acrescenta-se outro de igual relevância: como reforçar em seus intelectuais e artistas a referência histórica e cultural do continente? Ou, cedendo ao vocabulário em voga, o que fazer para reassegurar sua identidade comum de latino-americanos? No caso do Brasil, que é um país de grandes dimensões e aguda diversidade regional, intelectuais e artistas, confinados que estão, por origem de classe e estilo de trabalho, em ambientes muito restritos, costumam conhecer muito pouco a realidade de seu próprio país. Como reclamou recentemente o próprio Ministro da Cultura do Brasil, Francisco Weffort, ao rebater manifestações pessimistas de intelectuais, eles "... saem pouco de casa".

Antes de entrar na proposta, é interessante lembrar que o Brasil e alguns vizinhos mais prósperos pertencem ao grupo de países emergentes do chamado Terceiro Mundo.

Eles apresentam uma realidade diversa daquela dos países que renasceram das cinzas da União Soviética, nos quais o mercado e, em particular, a grande indústria cultural internacional, vem entrando sofregamente[9]. Na América Latina, o mercado não começa a entrar de repente, mas vem entrando há muitas décadas e já está profundamente enraizado, ainda que muito desigualmente e sob formas que estão a reclamar sérias correções. São países que, no plano político, alinharam-se aos Estados Unidos

7. Não por acaso, no I Fórum Internacional de Integração Cultural Arte Sem Fronteiras (ocorrido em São Paulo, em novembro de 1998), no qual se discutiram as prioridades para a área cultural nos países latino-americanos, a produção e circulação de informação foram contempladas em primeiro lugar.
8. Ver F. Colbert, *Le Marketing des Arts et de la Culture.*
9. Ver P. B. Boorsma *et al.* (eds.), *Privatization and Culture. Experiences in the Arts, Heritage and Cultural Industries in Europe*, Boston, Kluwer, 1998.

na Guerra Fria, trocando muitas vezes a democracia pelo autoritarismo militar, e que, desde a década passada, vêm recuperando a vida democrática. Países cuja vida cultural, sem dúvida, se beneficia do ressurgimento democrático, da supressão da censura e do avanço de movimentos sociais como a defesa da ecologia e das minorias étnicas, a proteção do consumidor etc.; mas são países de profunda desigualdade econômica entre as classes sociais e as regiões, e onde o recuo do Estado, pregado pelo neoliberalismo e agravado pela falta de recursos econômicos (crise fiscal), reduz o alcance das políticas sociais, entre elas as de cultura. Neles agora a palavra de ordem é substituir onde for possível o Estado pelo mercado, o que, no setor em estudo, se traduz de início em criar incentivos para o patrocínio corporativo das artes e da preservação do patrimônio histórico. Apenas não existe palavra de ordem alguma de como submeter ao mínimo de controle público e democrático a fortíssima mídia eletrônica financiada pela publicidade e cuja programação preenche a maior parte das horas de lazer da população.

Há um aspecto aparentemente paradoxal na história da gestão federal de cultura no Brasil que serve bem para ajudar a entender algumas particularidades da proposta aqui contida: foi exatamente em dois períodos autoritários que se registraram os melhores momentos da atuação do governo central em cultura. O primeiro, durante o Estado Novo (1937-1945), e o segundo, na fase de apogeu e início do declínio do regime militar imposto pelo golpe de Estado de 1964 (1974-1980).

No primeiro, além de haver um clima de modernização profunda da máquina de governo, facilitada por um clima revolucionário, havia um jovem ministro da educação (Gustavo Capanema) que estava pessoalmente identificado com a causa do modernismo e que protegia todos os intelectuais e artistas que considerava de valor, independentemente de suas orientações ideológicas, fazendo de seu gabinete o centro de irradiação da inovação estética para o conjunto do país.

No segundo, porque o comando do regime político decidiu melhorar suas relações com intelectuais e artistas (maciçamente na oposição e na crítica ao governo, dentro e fora do país). Como não havia parlamento aberto para controlar o orçamento e as decisões do Executivo, a decisão dos militares de melhorar as relações com artistas e intelectuais permitiu-lhes ampliar o financiamento aos artistas e reforçar a base institucional de ação do Ministério da Educação, sem nenhum embaraço ou dificuldade[10].

Esses exemplos mostram que a fragilidade da área cultural no conjunto da burocracia pública é tamanha, a ponto de, num momento em que o autoritarismo confronta a inércia e a rotina características da burocracia, torna-se possível avançar mais rapidamente. Mas, como todos os brasileiros preferem a democracia a uma administração cultural eficiente, o caminho que se abre no momento é como então combinar as duas coisas – como costuma salientar o Ministro da Cultura Francisco Weffort, que é cientista político e conhece bem esse paradoxo histórico.

Quando se fala de fragilidade da área cultural não se entenda apenas sua participação no orçamento público global (que no máximo chega a 1%, como em muitos outros países), mas também o fato de que ela costumeiramente é uma espécie de espaço reservado a pessoas oriundas das elites cultivadas. Devido a suas experiências e seus horizontes, essas pessoas tendem a dar tacitamente por suposto que sua missão seja fomentar as artes eruditas sem grande preocupação com o alcance social e geográfico de suas iniciativas, posto que o público disposto a fruí-las é definitivamente muito diminuto e maciçamente concentrado em poucas capitais. Quando surge uma perspectiva abertamente negadora desta, tende ela a ser carregada de ressentimento contra a pobreza e propensa a entender o fomento às artes como forma de valorizar o popular e ativar no homem comum seu grau de "conscientização" contra a miséria e a dominação de classe. É claro que o marxismo e o catolicismo de esquerda, ainda remanescentes na orientação de partidos de base popular, servem de referência para essa tomada de posição. Como o comando da área cultural costuma ser entregue a parentes ou amigos "ilustrados" dos governantes, e constituem postos que não apresentam interesse para os partidos políticos, dada a insignificância de sua participação no orçamento, a área também padece de dificuldades de profissionalização. Não é de estranhar assim que as figuras do formulador de políticas culturais e de seu assessor – o pesquisador "aplicado" – ainda sejam desconhecidas ou, no máximo, embrionárias no Brasil e na América Latina.

10. Ver S. Miceli, "O Processo de 'Construção Institucional' na Área Cultural Federal (Anos 70)" e "Teoria e Prática da Política Cultural Oficial no Brasil", *Estado e Cultura no Brasil*, São Paulo, Difel, 1984, pp. 53-84 e 97-112, respectivamente.

A consequência mais clara desse antagonismo é prolongar no tempo a eficiência retórica de estratégias discursivas, o que tende a tomar o lugar do debate acerca de uma política pública propriamente dita. A maior crítica que se pode fazer a esse viés ideológico é que as discussões tendem a confundir dois níveis absolutamente desiguais de energia social, lastro econômico e força simbólica. No primeiro nível, estão as implicações culturais dos valores e das linhas programáticas de todo um projeto político de governo, com o qual se compromete a equipe administrativa inteira, além das forças políticas que o sustentam[11]. No segundo, estão as prioridades, programas e projetos que podem caber nas atribuições legais e nas possibilidades orçamentárias dos ministérios e secretarias de cultura. É este segundo nível que aqui nos interessa.

A resposta seria – de início numa linha de observação e pesquisa – identificar quais são, como se compõem e como operam as instâncias de consagração em cada gênero artístico, em cada país do nosso continente. Atenção: não basta ficar no puro levantamento, ainda que exaustivo, das premiações existentes; antes, é preciso tomá-lo como ponto de partida para, em cada área cultural, captar quem consagra. Em seguida, saber por quais processos e rituais se dá esse reconhecimento, e, por fim, que valores são afirmados ou negados através deles. Tudo isso exige muita consulta, observação, entrevistas, intensa convivência com participantes legítimos e ilegítimos[12] de cada meio cultural. E, finalmente, interpretação.

A ideia de que as instâncias de consagração podem ser instrumento de política cultural não deve induzir à ilusão, que seria autoritária, de que a administração pública possa nelas intervir como quiser. Muito ao contrário, a eficácia e o mérito de eventual intervenção pressupõem saber que se trata de um centro nervoso da vida cultural, que, como tal, precisa ser respeitado. Será preciso observar cuidadosamente quem são os agentes que ocupam posição nessas instâncias, quais são os fundamentos da legitimidade de que desfrutam e, sobretudo, o que seus julgamentos representam, em

11. As grandes experiências do totalitarismo do século XX (nazismo e fascismo) são os melhores exemplos. Mas, na América Latina, também se podem encontrar experiências de governo popular e democrático (ou simplesmente populistas), cujos projetos assumidamente implicaram coesão ideológica e mobilização coletiva.

12. As pessoas que lutam pelo reconhecimento, sem consegui-lo, são tão importantes quanto as bem-sucedidas para falar desse assunto.

termos de valor estético e de universo de referência intelectual. Será igualmente necessário conhecer quais os recortes que cada instância faz no campo artístico correspondente e se vale a pena ou não reforçar essas clivagens. No caso específico das premiações, indispensável é saber quem está ou não habilitado a concorrer e em que ritmo o universo de pretendentes aumenta, diminui, continua ou se renova a cada competição. A propósito, está aí uma das raras possibilidades de medir o tamanho de um segmento-chave das políticas culturais e, em particular, dos créditos de fomento: a comunidade dos artistas em busca de reconhecimento. Como se sabe, as estatísticas não costumam registrar o público de amadores e semiamadores que constitui a grande massa da população de artistas em qualquer país.

Em seguida – numa linha de diagnóstico e intervenção –, o que fazer para fortalecer aquelas instâncias que apresentem mais legitimidade e, dentre elas, aquelas que se mostrem mais sensíveis a contemplar, comparativamente, a produção cultural entre os vários países latino-americanos?

Os julgamentos só produzem efeito se a instância de consagração tiver um mínimo de poder, o que implica também levar em conta o número de competições e a atratividade decrescente que elas (automaticamente) apresentam à medida que crescem em número. Um estudo dos prêmios literários na Inglaterra[13] mostra que, entre 1988 e 1998, seu número aumentou de 180 a 250, boa parte dos quais patrocinados por corporações interessadas em "retorno de mídia" de sua iniciativa, atentas aos aspectos publicitários. Devido à sua multiplicação e ao patrocínio privado cada vez maior, as premiações se desgastam e são encaradas cada vez mais com ambiguidade, ironia e ceticismo pelos próprios escritores.

4.5. América Latina em Tempos de Multipolaridade e Descentramento

Sem dúvida, a eficácia de uma diretriz de política cultural que contemple as instâncias de consagração tem de refletir um pouco sobre um fator de base, que extravasa em muito a vontade política dos governos e a decisão administrativa de seus dirigentes culturais. É a circunstância de que algumas cidades exerceram, na história contemporânea do Ocidente, e não

13. Ver M.-F. Cachin, "La Course aux Prix en Grande-Bretagne", *Liber – Revue Internationale des Livres*, n. 34, pp. 8-9, mars 1998.

por acaso, uma função de capital cultural, ou de espaço urbano com aura. Um bom entendimento de por que alguma urbe atingiu e manteve, durante certo lapso, posição de centralidade no espaço cultural nacional ou internacional exige um esforço de pesquisa que avalie, à luz da história política e econômica, assim como da história dos costumes e do cotidiano, as vantagens relativas que ela, ao menos temporariamente, apresentou.

Pode-se aqui lembrar, como breve exemplo ilustrativo, que o fascínio e o poder de atração de Paris para intelectuais e artistas latino-americanos no século XIX teve a ver com o fato de que Lisboa e Madri representavam a metrópole, o colonialismo, enfim uma ordem que eles queriam ver ultrapassada; Paris, ao contrário, simbolizava liberdade, liberalismo político, enfim, Iluminismo. Em anos mais próximos, essa posição de Paris se reedita apoiada na generosa política de asilo da França, que acolheu, nas décadas de 1960 e 1970, um bom número de exilados dos regimes militares – a "diáspora" latino-americana.

Ademais, Paris foi também um espaço social mais tolerante a comportamentos amorosos e sexuais reprimidos em outros países, o que fazia crescer sua atratividade na medida em que, ao avançar do século XIX – e da moral vitoriana na Inglaterra –, se inventava a moderna vida de artista com toda a carga de transgressão social que ainda a impregna e lhe define o fascínio[14]. O apogeu da vida parisiense nesse aspecto está, sem dúvida, entre as duas guerras mundiais – os "Années Folles". Finalmente, há de se considerar o fator inércia, que faz com que uma posição de centralidade conquistada se autoalimente através das preferências cumulativas entre os que querem frequentá-la porque sabem que nela encontrarão mais críticos abalizados, artistas e aspirantes, e assim se reasseguram de estar no espaço certo. "Paris é a praça onde tudo circula, o ponto de encontro entre norte e sul, leste e oeste. Sua história a constitui como um meio cultural homogêneo e constante, na herança do centralismo real, do jacobinismo republicano, num desejo de irradiação universalista, de munificência do poder até a ostentação"[15].

Uma vez colocado o exemplo, e reconhecido que, em matéria de cultura assim como de economia, o mundo hoje está multipolarizado, caberia

14. Ver S. Benstock, *Femmes de la Rive Gauche. Paris, 1900-1940*, Paris, Ed. des Femmes, 1987.
15. P. Rivas, "Paris como Capital Literária da América Latina", em L. L. Chiappini & F. W. de Aguiar (orgs.), *Literatura e História na América Latina*, São Paulo, Edusp, p. 100.

perguntar: como se põe hoje a questão da centralidade cultural na América Latina? Há uma resposta largamente difundida entre intelectuais do continente de que a América Latina não é absolutamente uma referência cultural e que cada país se liga mesmo é à Europa e aos Estados Unidos. Segundo esse lugar-comum, o intelectual brasileiro é voltado para Paris e Nova York e desconhece o que se passa "às suas costas"; como língua estrangeira, cuidava ele de dominar o francês assim como hoje em dia se curva ao inglês. Se o mesmo se constata entre seus pares argentinos, chilenos, venezuelanos e de outras nacionalidades do continente, então a América Latina não passa mesmo de ficção.

Mesmo estando em pleno pós-modernismo, não se pode sonhar em criar simulacros de capitais culturais por decisão política ou administrativa. Mas é lícito crer que a situação de isolamento entre os artistas do continente, e sua fixação mental no "Primeiro Mundo", já esteja começando a mudar e ainda possa ser mais rapidamente revertida. Repare-se que, no plano econômico, esse nível "ficcional" da América Latina vem se convertendo em realidade através do comércio reorientado por alianças de integração, como o Mercosul. Em decorrência dessa integração, o idioma espanhol, que já vinha ampliando há mais tempo seu valor devido ao crescimento absoluto e relativo dos hispânicos na população norte-americana, ganhou ainda mais importância e teve seu ensino difundido no Brasil. Há indícios, embora não se tenham números para citar aqui, que o mesmo se passe com o português na América espanhola, em função, prioritariamente, do Brasil. Por outro lado, o grande e mais recente motivo de rejeição do continente por seus intelectuais e artistas – o sufoco de viver sob ditadura militar – está hoje felizmente ultrapassado. Por fim, dada a liberalização dos costumes, ninguém mais precisa deixar seu país para viver um caso amoroso, com tudo a que tem direito.

Se a democracia torna os países latino-americanos mais atrativos para seus artistas, a globalização e a multipolarização cultural, por sua vez, reforçam essa tendência. A renovação cultural que se passa nas capitais internacionais se torna cada vez mais acessível: as viagens barateiam e ficam mais rápidas, as revistas de arte europeias e norte-americanas são mais numerosas e chegam mais rápido. Via internet, o tempo simplesmente desaparece. As visitas e exposições de estrangeiros são mais frequentes. Ademais, com o declínio da credibilidade das vanguardas motivada pela mercantilização da obra de arte e de seus serviços de apoio, nos países europeus e norte-americanos[16], a aura de suas capitais tende a enfraquecer-se. A isso se acrescenta o fato de que, neste fim de século, como dizem os críticos do urbanismo, as cidades estão descentradas – não têm mais centro, mas antes uma pluralidade de "centros", que se neutralizam uns aos outros, localizados em geral no território privado de suas principais áreas de comércio, os *shopping centers*, ou próximos a eles[17].

Faz parte da pesquisa acima sugerida resgatar historicamente os momentos, os canais e as localidades envolvidas na incorporação dos universais da cultura mundial por artistas e intelectuais da América Latina. Focalizando o trabalho crítico de Ángel Rama, Antonio Candido chama a atenção para a singularidade do continente, no qual as vanguardas mundiais se expressaram através do regional, numa síntese que desemboca na singularidade de uma "dupla vanguarda", pois se vanguarda é "ruptura radical com o passado e referência a uma realidade virtual que se projeta no futuro" e se o seu mergulho em uma sociedade específica supõe "uma penetração na realidade local, que tende ao realismo, suscita o regionalismo e, portanto, a continuidade com o passado", então a história cultural deixou um legado que serve à reflexão e reforça a tese aqui contida: nada há a temer no encontro de nossos artistas com a realidade do continente[18]. Afinal de contas, Machado de Assis, o mais universal de nossos escritores, jamais saiu do Rio de Janeiro. Quanto à aventura modernista, quem é capaz de questionar o relevo de um Mário de Andrade, o "pobretão" do grupo modernista de São Paulo, que só conhecia Paris pelas cartas dos amigos e outras vias indiretas? Não foi, afinal, o exemplo pessoal mais consequente de compromisso entre renovação estética e recuperação de raízes?

A ideia é provocar uma discussão exaustiva uma vez por ano, e que seja rentável do ponto de vista de uma publicação. É também de se fomentar a objetivação em discursos qualificados das tendências da globalização sobre a cultura produzida no país em cada forma artística específica, de modo a

16. Ver D. Crane, "Avant-garde Art and Social Change: The New York Art World and the Transformation of the Reward System, 1940-1980", em R. Moulin (éd.), *Sociologie de l'Art*, Paris, La Documentation Française, 1986.
17. Ver D. Harvey, *A Condição Pós-moderna*, 5. ed., São Paulo, Loyola, 1992.
18. A. Candido, "Uma Visão Latino-americana", em L. L. Chiappini & F. W. de Aguiar (orgs.), *Literatura e História na América Latina*, p. 269.

provocar um esforço de síntese também objetivável. Um discurso que surpreenda pela quantidade apontada os que supõem nada haver no país, e que surpreenda pela qualidade ao balancear o que entra e o que sai, analisando conteúdo e entremeando com análise de quantidades e valores econômicos. Combater o pessimismo com fatos, elevando o patamar da discussão acerca da criação, difusão e fruição estética para além do pessimismo retórico ou de qualquer forma de ufanismo vazio.

4.6. A Proposta

Diante disso tudo, é bastante oportuno começar a pensar em desenvolver na América Latina um sistema minimamente orquestrado de instâncias de consagração. Antes que o mercado multiplique e banalize as competições, a autoridade pública deve fazer valer seu poder de chancela (muito mais aceito e respeitado pelo meio artístico do que o "prestígio" de qualquer marca) para ajudar a construir uma rede de concursos territorialmente mais abrangente, mais transparente e mais facilmente acessível.

Se prevalecer o princípio de que vale a pena fomentar a aproximação dentro do continente, então as competições precisam ser pensadas de modo que as várias nacionalidades estejam presentes nos júris e no público concorrente. É claro que essa aproximação só será fecunda se os juízos comparativos forem discutidos em debate aberto e se essa discussão for ampliada no tempo por meio de publicações. Se a autoridade pública assume ser seu papel facilitar a artistas não reconhecidos o acesso a editoras ou gravadoras, então por que não fornecer recursos para coedições que atinjam simultaneamente vários mercados nacionais da região? Na medida em que os prêmios podem ser definidos como custeio de viagens e cursos, a diretriz mais correta talvez seja a de encorajar o artista em ascensão na carreira a viajar pelo continente antes de itinerar pelo "Primeiro Mundo".

Finalmente, cabe tranquilizar a todos no sentido de que as sugestões aqui contidas não propõem nada de definitivo ou permanente. Enfim, algo que, se não funcionar, possa provocar qualquer espécie de dano à vida cultural. Muito ao contrário, é apenas mais uma tentativa de encontrar caminhos novos para uma área de ação governamental que (ao menos no Brasil) até agora poucos momentos teve de ser pensada em termos estratégicos e de longo prazo. É também uma tentativa, por que não, de superar o tão inexplicável vazio que persiste entre a interpretação científica da vida cultural e a possibilidade de contribuir com alguma ideia para sua proteção e enriquecimento.

5

Crítica de Arte: Cômoda Irresponsabilidade e Missão não Cumprida*

Os críticos perderam noção de sua importância e estão conformados. Como quem perde é a cultura brasileira, é oportuno mostrar equívocos que embaraçam a discussão, impedem a visão de saídas e inibem o desejo de procurá-las. Os depoimentos de críticos que o jornalista Luiz Zanin Oricchio entrevistou e reuniu na matéria "A Crise da Crítica"[1] oferecem farto material para reabrir o assunto, e a eles aqui recorro, citando nomes quando apropriado.

Se há ponto em comum entre os autores aí reunidos, é a constatação da impotência da crítica no cenário cultural brasileiro. Ou, em formulação mais branda, o consenso de que a crítica perdeu sensivelmente a importância que tinha até trinta a quarenta anos atrás. Como se trata de profissionais da palavra, ricos em repertório, tal registro se exprime nos mais variados termos: "crise", "desconstrução do centro", "perda de referência", "ausência de plataforma comparativa", "diluição de cânones", "submissão ao mercado", "ameaça de extinção", "*malaise*", o que seja. E tudo sempre dito com muita elegância (mesmo quando algum jargão pesado é inevitável!), posto que partido de quem costuma usar a palavra, antes de tudo, como veículo, ambiente ou pretexto para deleite estético.

* 2000.

1. Ver *O Estado de S. Paulo*, Caderno 2, 3 dez. 2000.

Constatação de impotência em semelhante grau seria exasperante em outros meios profissionais. No caso das artes, absolutamente não. Como diz Oricchio, "a nova corporação dos críticos está perfeitamente adaptada a esse estado de coisas". O sentimento de impotência ganha nomes esotéricos, libera nostalgia, desencadeia aqui e ali algum esgar de indignação – mormente quando o alvo de ataque (fácil!) é o mercado. Esconde-se em mil eufemismos, entre outras razões, para contornar o risco de confronto aberto com terceiros, quando isso possa ameaçar a imagem do crítico. Ou seu bolso.

Nenhum sinal de sofrimento mais profundo com esse estado de coisas. Nenhuma análise mais consistente das injunções de interesses externos e estranhos à esfera artística. Nenhum comentário acerca das formas vigentes e desejáveis de agenciamento e compensação do trabalho profissional do crítico. Nenhum impulso de mudança apontando para alguma política pública, nenhuma proposta de ação coletiva, envolvendo ou não a educação, a mídia, as ONGs, a diplomacia, as multinacionais da indústria cultural, na multifacetada fronteira entre cultura e sociedade.

Ainda que se argumente que tais preocupações não cabem a críticos de cultura, é preciso notar que sua posição continua sendo chave no sistema cultural. São eles que selecionam quem acena como promissor nas premiações de que são juízes. São eles – e só eles – que detêm a mais plena competência pericial para identificar no íntimo do fazer artístico e de seu resultado – a obra – as formas e consequências da infiltração de interesses comerciais. É deles a maior responsabilidade em avaliar os efeitos sobre a qualidade e sobre a desejada diversidade estética, da movimentação de artistas e estudantes entre países e continentes, e da hibridação que daí resulta.

Por que tanta omissão? Com que consequências?

Antes de tudo, registre-se que, do ponto de vista das tradicionais coerções externas, o clima contemporâneo é favorável, ao menos em nosso país. Estado e Igreja não mais ameaçam o artista, em nome da ideologia e da fé. A crítica engajada na luta política foi para as calendas junto com a arte social e sua função de denúncia. Assim como antes havia ido ao lixo a autoridade acadêmica, suas normas severas e seu poder institucionalizado. O perigo hoje é o mercado. Não em seu todo, como instituição e princípio filosófico; somente onde e quando o excesso de mercantilização provocar danos identificáveis e corrigíveis.

Mas, será lícito encarar como libertária e democrática a crítica de hoje, tão voltada ao próprio umbigo, tão consumida em impasses, muitas vezes retóricos, a que leva a pretensão generalizada de questionamento incessante de todo e qualquer paradigma? O custo da empreitada é o isolamento pessoal, o discurso obscuro, a falta de interlocutores, em suma, solidão e impotência.

Como diz o jornalista Daniel Piza, crítica é sempre interferência, tentativa de olhar ao mesmo tempo de fora e de dentro (da obra de arte). Para que esse duplo olhar não afunde em estrabismo e cegueira, mas se converta em foco de luz e capacidade de penetração, por que não extrapolar, exigindo que essa vista dupla também observe as fronteiras entre o mundo artístico e seu entorno social. Em outras palavras, fornecendo melhor visão do meio artístico ao público externo, e melhor visão da sociedade a quem esteja nele imerso.

Não seria esse o alcance mais pleno da função de "ponte" que se espera do crítico? Se, como afirma Mariângela Alves de Lima, o crítico de teatro do passado exercitava a mediação entre palco e plateia como uma função autoatribuída, quem poderá dizer que "esse compromisso assumido de contribuir para a elevação do nível artístico do teatro brasileiro" não seja mais necessário? Hoje o cânone é não ter paradigmas, e a missão é liquidá-los onde quer que se manifestem. Mas será possível negar a existência de uma demanda por qualidade (perdão pelo uso dessa palavra proscrita) a reclamar um comportamento mais militante do crítico. Aliás, a ideia de qualidade não tem nada de intrinsecamente incompatível com o valor máximo a preservar, hoje e sempre: a "crença num pluralismo irredutível de valores e numa ideia primitiva de liberdade", na expressão de Alcir Pécora.

Teixeira Coelho chama corretamente a atenção para o destaque que, nas artes plásticas, vem ganhando o "crítico-curador". Sua notabilidade está na razão direta da quantidade de gente atraída pelas "megaexposições" e seu impacto pedagógico, influenciando público e artistas. Mas é preciso notar que o outro "tipo" de crítico que ele eclipsa – aquele que escreve em periódicos e publica livros – não se desgastou por nenhuma razão propriamente estética. Antes, em muitos casos, foi sua condição de *freelancer* (trabalho precário, temporário e com ganho insuficiente) que o compeliu à cata de outros "bicos", a fim de completar o orçamento doméstico. Nas artes plásticas, as apresentações de catálogo foram, e continuam sendo, um trabalho desse tipo. Na busca ansiosa por esse dinheiro necessário, nada mais cômodo a um crítico do que assumir uma postura de relativização total que lhe facilite falar de arte e de artistas sem nada dizer, convertendo não raro seu texto em mero arranjo de palavras, de modo a não criar inimigos nem restringir seu mercado.

Em outras palavras, o sucesso do crítico-curador não é absolutamente independente das enormes somas gastas na montagem de megaexposições. Elas são precondição para ele se cercar das muitas *expertises* que vão agregar valor à arte exposta ao ajudar – como diz Teixeira Coelho – a "envelopar" obras, pessoas, ruídos e odores num só ambiente, sinestesicamente. Mais do que isso, o crítico-curador assume uma responsabilidade diante de terceiros e em nome dela será cobrado nos resultados. Os norte-americanos chamam a isso *accountability*, e lhe atribuem extrema importância como regulador democrático da vida em sociedade. A curadoria é então uma condição que recupera o sentido de responsabilidade, uma vez que estão em jogo, além das vaidades de praxe, vastas somas de dinheiro, acordos entre instituições, deveres de reciprocidade, alta visibilidade e imensas expectativas. Como não existe responsabilidade sem comprometimento com metas, o crítico aí precisa libertar-se do próprio umbigo, olhar para frente e conciliar gostos e interesses.

É surpreendente o ritmo em que vem crescendo a população de artistas, tanto no Brasil como em outros países onde existam uma classe média ampla, um sistema educacional minimamente abrangente, um mercado cultural autossustentado e liberdade de ir e vir. Cresce também o número de empresas e entidades dispostas a patrocinar concursos, multiplicando-se assim as premiações e festivais. Na Inglaterra, entre 1988 e 1998, os prêmios literários passaram de 180 a 250. O fluxo de obras explode: na França, por exemplo, o número de originais encaminhados anualmente a uma mesma editora mais que dobrou entre 1980 e 1995. Para o Brasil, não existem tais estatísticas, mas certamente a mesma tendência prevalece. Daí que o mercado para o juízo crítico também aumente em dimensões e imponha a necessidade de novas estratégias. Quem ganha e quem perde com isso econômica, política e simbolicamente? É uma questão que só pode ser pensada com criatividade da óptica particular de cada área artística. Por quem saiba separar os muitos tipos de joio e as várias espécies de trigo.

Os dirigentes públicos de cultura, por sua vez, precisam da sinalização da crítica para avaliar melhor o impacto das iniciativas que suas secretarias chancelam e financiam. Ou para decidir se os incentivos fiscais estão produzindo os resultados esperados. O Itamaraty precisa de alguém para alertar que caprichos e preferências de diplomatas não podem ser tão decisivos na escolha de quem vá representar o Brasil lá fora. Ou seja, a diplomacia cultural também precisa ser *accountable*.

Como esclarece Lauro Machado Coelho, a crítica cultural tem muitas dimensões: educa sentidos, desbrava repertórios, desperta curiosidades, reconhece méritos, indica caminhos e aponta deficiências. Diante de leque tão variado, com tanto a ser feito e com tanta expectativa de que o seja, cabe ao crítico recuperar sua capacidade de autoatribuição. E assim ajudará a fazer da diversidade cultural algo mais do que uma declaração de princípio. Exatamente como queriam os críticos militantes de meio século atrás, tão merecidamente reverenciados pelos entrevistados nessa matéria de jornal.

6

Política Cultural na Virada do Milênio: Tendências Internacionais e o Caso dos EUA*

6.1. Introdução

Na origem, o texto que segue fez parte de um relatório redigido pelo autor no ano de 2000, ao final de um estágio em Nova York como bolsista de pós-doutorado da Rockefeller Foundation.

O estágio foi junto ao The Privatization of Culture Project for Research on Cultural Policy, programa que reunia professores da New York University, da New School for Social Research e da City University of New York[1].

A pesquisa bibliográfica em que o texto se apoia foi feita em múltiplas fontes: em sua maioria, autores estadunidenses que analisam a política cultural de seu país. Mas, como a intenção era observar uma paisagem mais vasta da política cultural, a situação de outros países desenvolvidos também foi incluída, com apelo a autores ingleses, franceses, canadenses e de outras nacionalidades[2].

* Texto adaptado do relatório *Política e Gestão Cultural: Brasil, EUA, Europa*, São Paulo, Núcleo de Pesquisas e Publicações da EAESP/FGV, 2000 (Relatório de Pesquisa, 13).

1. Na ocasião, o programa era coordenado por George Yúdice, Vera Zolberg e Stanley Aronowitz.
2. As bibliotecas consultadas foram muitas (New York University, New York Public Library e Foundation Center); assim como vários *sites* de organizações independentes, com especial destaque para o do Center for Arts and Culture, em Washington, cujos diretores, aliás, publicaram rica coletânea, aqui bastante utilizada: *The Politics of Culture. Policy Perspectives for Individuals, Institutions, and Communities* [G. Bradford, M. Gary & G. Wallach (eds.), New York, The New York Press, 2000]. Outras instituições visitadas na cidade de Nova York: o Research Center for Arts and Culture (Columbia University), o Center for the Study of Philan-

6.2. Políticas Culturais: Perspectiva Histórica e Impasses na Virada do Milênio

Os estudos de política cultural comparada costumam compreender um número restrito de países. São aqueles que fazem parte do mundo desenvolvido, e que, geograficamente, se distribuem pela América do Norte, Europa Ocidental (inclusive os países nórdicos) e extremo oriente. São tão poucos que é possível citar um a um: Estados Unidos, Canadá, Inglaterra, França, Itália, Espanha, Áustria, Alemanha, Holanda, Finlândia, Suécia, Dinamarca, Noruega, Japão, Austrália e Nova Zelândia.

Esses países têm em comum elevado nível de renda e de escolarização, circunstâncias das quais decorrem quase todas as outras: um campo acadêmico amplo e diferenciado, onde as pesquisas de políticas públicas podem se apoiar em uma satisfatória infraestrutura de dados estatísticos oficiais e em uma sociedade civil articulada, o que assegura propensão ao acompanhamento e à discussão da ação governamental nas mais diversas áreas. Todavia, alguns desses países apresentam a particularidade de ter de administrar situações delicadas de convívio ou coabitação entre grupos culturalmente distintos e empenhados em firmar sua identidade. É o caso do Canadá, que combina uma região de colonização inglesa e outra francesa; e da Austrália e Nova Zelândia, países de colonização ocidental próximos das potências do Oriente e que, ademais, acomodam em seu interior grupos indígenas diversos. Não é à toa que a quase totalidade dos estudos de política cultural disponível se origine dos países acima relacionados, tal como se pode ver nas principais publicações periódicas destinadas ao assunto: o *International Journal of Cultural Policy* (publicado na Holanda), o *Journal*

thropy (CUNY University), The Century Foundation; o Rockefeller Center for Media, Culture and History (New York University). Por internet, foram consultados o Princeton University Center for Arts and Cultural Policy Studies (New Jersey), o National Endowment for the Arts, o American for the Arts e a National Assembly of State Arts Agency (Washington, DC) e a Association for Cultural Economics (Akron, Ohio). Alguns eventos devem ser incluídos nesta lista de fontes, por exemplo: o Cultural Policy Network Meeting, promovido pelo Center for Arts and Culture (Washington, DC, julho 1999); a reunião da STP&A/Social Theory, Politics and the Arts, o grupo de sociologia da cultura da American Sociological Association, que, ao contrário de outras sociedades de sociólogos, está bem aberta aos que ensinam e praticam gestão cultural (Nashville, Tennessee, outubro 1999) e, por fim, a International Conference on Cultural Policy Research, promovida pelo *International Journal of Cultural Policy* (Bergen, Noruega, novembro 1999).

of Arts Management, Law, and Society (nos Estados Unidos) e o *Journal of Arts Management* (do Canadá).

As políticas culturais são consideradas "políticas sociais de última geração", visto o caráter relativamente recente da presença governamental na área, situada em geral nos últimos cinquenta anos, ou seja, a partir do último pós-guerra. Apesar dessa pouca antiguidade das políticas culturais, já se pode hoje, a partir de uma visão retrospectiva, acompanhar a sua evolução, e até mesmo propor uma periodização, como faz Michael Volkerling, professor de Leisure Studies na Universidade de Wellington, Nova Zelândia.

Em artigo publicado[3], Volkerling distingue uma fase inicial, ou de "fundação", das políticas culturais nos países do Ocidente, compreendendo os anos de 1945 até 1965, em que a ênfase da orientação governamental seria difundir a "alta" cultura ao conjunto da sociedade, ou, em outras palavras, oferecer condições para que o acesso aos gêneros de cultura de elite, então considerados os únicos merecedores de atenção, se "democratizasse" no interior do espaço nacional. Tal orientação baseava-se na crença de que bastaria desbloquear o acesso à oferta para que a procura imediatamente se manifestasse, e assim o valor intrínseco dos bens de alta cultura seria rapidamente "reconhecido". Rompendo-se então as barreiras geográficas e econômicas de acesso à literatura, à música erudita, às artes visuais, elas seriam incorporadas ao repertório de gosto e de participação de todas as classes sociais. O entusiasmo do ministro francês André Malraux, e de sua política a partir de 1959, é talvez o exemplo mais pleno dessa orientação.

Em tal visão, todo dispêndio com esse propósito edificante seria altamente meritório, justificando uma postura paternalista do Estado em fomentar a produção (isto é, uma política orientada para os artistas) e sua difusão. Nos Estados Unidos, a crença no valor da cultura de elite, e da necessidade de incentivá-la, foi aproveitada, a partir dos anos 1960, pelos que defendiam um programa federal de apoio às artes. Tal crença, naquela conjuntura, se beneficiava de um clima de sobressalto da opinião pública, provocado por alguns livros[4] que criticavam com veemência a publicidade

3. M. Volkerling, "Deconstructing the Difference-engine: a Theory of Cultural Policy", *Cultural Policy*, vol. 2, n. 2, pp. 189-212, 1996.
4. D. Riesman & V. Packard são os autores que mais repercutiram neste momento. Ver D. Riesman, N. Glazer & R. Denney, *The Lonely Crowd*, New Haven, Yale University Press, 1950; e Vance Packard, *The Hidden Persuaders*, New York, McKay, 1957.

comercial e a cultura de massa por ela financiada, atribuindo a elas (exageradamente, sabe-se hoje) um poder imenso de manipulação do gosto e das ideias do povo americano. Assim, Arthur Schelesinger Jr., o assessor de John Kennedy que propôs a criação do National Endowment for the Arts, fundou-se na concepção de que "cultura é um recurso escasso que necessita de proteção; e assim como os recursos naturais, precisam ser conservados; as artes estão ligadas a uma busca de sentido em meio à abundância, sendo a cultura um bastião contra a sociedade de massa"[5].

A segunda fase de que trata Volkerling seria a de "profissionalização", de 1965 até 1985, quando se começam a perceber e denunciar as pretensões hegemônicas das políticas baseadas unicamente na cultura de elite e se afirma a promoção do multiculturalismo como objetivo da ação de fomento do Estado. Passa-se aí a postular o primado da igualdade de todas as culturas no interior de uma mesma sociedade nacional e o dever do Estado de assegurar livre manifestação a todas elas; ou seja, transita-se de uma hierarquia monocultural para uma posição de relativismo ou de pluralismo. É fácil ver que essa mudança de perspectiva muito deveu aos movimentos sociais de afirmação das minorias que perpassa os países de capitalismo avançado, em especial os Estados Unidos, durante as décadas de 1960 e 1970.

Deveu-se também à influência da Unesco (United Nations Educational, Scientific and Cultural Organization), disseminada através de simpósios e publicações, de promover o multiculturalismo como meio de desenvolver comunidades e de preservar identidades nacionais, em uma época de intensificação da comunicação de massa em nível internacional e de descolonização da África. Passa a ocorrer então, de acordo com Volkerling, a profissionalização de uma série de agentes envolvidos com o processo cultural, agora visto de uma perspectiva "materialista" (melhor seria dizer utilitarista), posto que interligado a atividades e finalidades outras que o simples "valor em si" da cultura, característica da fase anterior.

Esse autor argumenta que, a partir de 1985, as justificativas de política cultural defendidas na etapa anterior, que, em termos da dinâmica capitalista, corresponderiam ao "keynesianismo fordista", começam a se desfazer diante do surto neoliberal e do recuo do Estado em matéria de políticas

5. Ver, a respeito, G. Wallach, "Introduction", em G. Bradford, M. Gary & G. Wallach (eds.), *The Politics of Culture...*, p. 3.

sociais. Dado o caráter conservador do neoliberalismo, esse período é batizado de "reação". Nele, o processo de segmentação de mercado, deflagrado no mercado de bens e serviços de consumo final, rapidamente invade o dos bens culturais. Nesse sentido, é possível dizer que as políticas culturais, que seriam originalmente "engenhos" de produção de "diferenças" (no sentido de distinção social), agora são corroídas pelo mercado, aí estando a razão de ser do estranho título do artigo "Deconstructing the Difference-engine".

Nesta fase, o discurso dominante enfatiza o mercado, e os destinatários das políticas culturais são vistos como consumidores. O escopo das ações é agora internacional, e a tendência privatista que se instala, busca a associação entre governo e iniciativa privada. Nesta fase, difunde-se o *marketing* cultural; a tendência predominante da nova elite de administradores culturais é a da crescente orientação mercadológica e "responsabilização" (ou seja, de prestação de contas, *accountability*), uma vez que as agências culturais de governo agora operam mais como contratadoras de serviços culturais do que propriamente como realizadoras de ações culturais.

Finalmente, Volkerling ainda distingue um último período, a que chama de "incorporação" (1990-1995). Nele, as políticas culturais ficam investidas de uma função de glorificar o nacional e o popular, enquanto as políticas econômicas nacionais, rezando cada vez mais pela cartilha neoliberal, aprofundam a divisão da sociedade em classes. É a fase em que os governos mais apelam para a vitória esportiva e para a espetacularização dos eventos culturais[6].

Continua Volkerling:

> Em meados dos anos 1990, as decisões sobre o caráter e o desenvolvimento de uma cultura pública não estão mais nas mãos de formuladores governamentais de política cultural. Muito de nossa experiência cultural é agora mediada através do mercado e através das empresas internacionais de comunicação, das quais o Estado é acessório. No campo das artes e do patrimônio, a glamorização da diversidade cultural enfraqueceu as conexões que as várias culturas mantinham com a cultura oficial, enfraquecendo a visão de longo prazo (metanarrativa) que a sustentava. Nós agora vivemos "na interseção de múltiplas narrativas". Em suma, as políticas culturais públicas foram colocadas em subordinação a um projeto "nacional e popular" de "espetacularização". Os privilégios de uma nova classe média permitem-lhe o acesso a uma ampla variedade

6. M. Volkerling, "Deconstructing the Difference-engine...", p. 205.

de alternativas de produtos e serviços de lazer, cujo consumo é muito mais socialmente distintivo do que a afinidade com as artes eruditas; a televisão oferece o meio para que esse novo perfil de consumo seja visto e invejado, logo, universalizado, para a população em seu conjunto[7].

Oliver Bennett, diretor do Centre for the Study of Cultural Policy, na Universidade de Warwick, Inglaterra, e diretor do *International Journal of Cultural Policy*, publicou, em 1995, um artigo[8] no qual arrola uma série de tendências que enfraquecem a legitimidade da intervenção governamental na área das artes e do patrimônio.

Ele lida, *grosso modo*, com os mesmos problemas que Volkerling, mas não faz uma periodização explícita. Argumenta que está muito longe a época em que a Inglaterra criou um conselho para apoiar as artes porque isso era estratégico para melhorar o moral nacional (durante a Segunda Guerra); ou quando criou, em 1946, seu primeiro Arts Council, pelas mãos, aliás, daquele que virou sinônimo de Estado do Bem-estar – John Maynard Keynes, inserido entre outros esforços de reconstrução e de implantação do Welfare State. Uma vez que esse momento se distanciou no tempo, outros objetivos foram-no substituindo. É o caso, por exemplo, da função de glorificação nacional, argumento que tem sido utilizado defensivamente para compensar perdas políticas e econômicas sofridas por alguns países. Aliás, segundo Bennett, esse argumento, tão perigoso do ponto de vista do chauvinismo, mas tão bem aceito na França[9], jamais conseguiu ser convincente na Inglaterra, a não ser em escassos momentos em que foi invocado para apoiar alguma medida de proteção de seu mercado audiovisual contra filmes de procedência americana[10].

Segundo Bennett, segue-se a justificação da importância econômica, que argumenta em prol da capacidade que teriam as atividades culturais de gerar efeitos econômicos positivos: criação de empregos, o mais direto

7. *Idem*, pp. 207-208.
8. Ver O. Bennett, "Cultural Policy in the United Kingdom: Collapsing Rationales and the End of a Tradition", *Cultural Policy*, vol. 1, n. 2, pp. 199-216, 1995.
9. Segundo Jacques Rigaud, analista da diplomacia cultural francesa: "não é exagero dizer que é em função da imagem de sua cultura que a França pode ainda aspirar a um papel mundial". Ver J. Rigaud, *Les Relations Culturelles Extérieures*, Paris, La Documentation Française, 1980, *apud* E. T. Ribeiro, *Diplomacia Cultural. Seu Papel na Política Externa Brasileira*, Brasília, Fundação Alexandre de Gusmão/Instituto de Pesquisa de Relações Internacionais (IPRI), 1989, p. 56.
10. O. Bennett, "Cultural Policy in the United Kingdom...", *op. cit.*, p. 204.

deles; turismo, talvez o mais importante dentre os indiretos; sem falar na recuperação urbana, através de estratégias de uso cultural para áreas decadentes. Argumenta Bennett que os numerosos estudos de "impacto econômico" feitos na Inglaterra não são conclusivos, ou, quando muito, não permitem concluir que as atividades culturais tenham impacto maior sobre a economia do que qualquer outra atividade do setor de serviços contemplada com o mesmo dispêndio público. Mais ainda, o próprio fato de as autoridades culturais aderirem a esse padrão de argumentação provoca por si só efeitos de trivialização da arte[11].

Outra justificativa seria a de correção de mercado implícita na ideia que floresceu muitas décadas atrás: de que ao governo cabia elevar o consumo cultural popular diante do nivelamento por baixo do entretenimento comercializado. Na medida em que os públicos das artes protegidas pelo governo estão entre os segmentos menos necessitados economicamente, e que a lógica de mercado tende a invadir as artes eruditas, o argumento perde sentido. Bennett finaliza vislumbrando apenas duas alternativas: a primeira seria de construir um novo e convincente fundamento de legitimidade para assegurar a continuidade e o fortalecimento dos gastos governamentais tão abalados pelas políticas de Margareth Thatcher e sucessores; a outra seria a de abandonar a ideia de uma ação governamental dotada de sentido e valor, e reconhecer pura e simplesmente que o mercado é o melhor juiz. São tendências contraditórias das quais ele se abstém de tomar partido.

Philippe Urfalino é outro autor cuja reflexão sobre políticas culturais aponta impasses ainda não ultrapassados, embora o artigo aqui utilizado seja mais antigo, de 1989[12]. Ele reconhece que também na França as políticas culturais apenas recentemente começaram a ser objeto de atenção. É raro, segundo esse autor, ver que aquelas dimensões analíticas que a ciência política reconhece como passos para a avaliação de políticas públicas – ou seja, inclusão em agenda, formulação, decisão, implementação e avaliação de resultados – raramente sejam aplicadas às políticas culturais[13]. Para

11. Nos Estados Unidos também se difundiu muito esse tipo de estudo, comentando-se que "33 das 42 agências estaduais de arte (*state arts agencies*) patrocinaram ou participaram de estudos de impacto econômico durante os últimos dez anos (década de 1980)". Ver D. Pankratz & V. Morris (eds.), *The Future of the Arts. Public Policy and Arts Research*, New York, Praeger, 1990, p. 274.

12. Ver P. Urfalino, "Les Politiques Culturelles: Mécénat Caché et Académies Invisibles", *op. cit.*

13. *Idem*, p. 189.

construir "um modelo de inteligibilidade das políticas culturais", Urfalino começa buscando estabelecer o que seriam suas "dinâmicas endógenas". O fundamental a reter é que o poder central, assim como os regionais e locais não se comportam como intermediários financeiros entre a oferta cultural e o público, mas como "centros de mercados de subvenção".

Urfalino constata que a conduta governamental adotada nas artes cênicas (tomando como exemplo a Ópera de Paris) obedece a uma estratégia de "qualidade máxima". Ou seja, como a capacidade de negociar uma verba para determinada atividade depende do sucesso conseguido em versões anteriores da mesma, os administradores culturais públicos tendem a aumentar a qualidade e o prestígio dos espetáculos, o que acaba envolvendo submissão ao vedetismo internacional e à voga das encenações faustosas, o que provoca um forte crescimento dos custos de produção. Este, por sua vez, induz à diminuição do número de encenações. Assim, o desejo de "lotar a sala" e oferecer qualidade, tal como presumido na função de tutela exercida pelo Estado, contribui para a redução global do número de espectadores e para o aumento das subvenções públicas necessárias à sobrevivência de umas poucas instituições. Visto do ângulo dos artistas, o comportamento das companhias teatrais em busca de subsídio público assim se estabelece:

> [...] a subvenção é ao mesmo tempo a condição econômica de obtenção de notoriedade junto às instâncias de consagração (crítica, encenação em salas de prestígio etc.) e também, ela própria, um índice de notoriedade. Em consequência, os grupos teatrais produzem espetáculos mais caros do que seu orçamento permite, para obter ao mesmo tempo notoriedade e ajuda financeira crescentes e, assim, poder produzir espetáculos de nível cada vez mais alto. Sua estratégia consiste, portanto, em antecipar um déficit e o aumento das subvenções subsequentes[14].

Há uma tendência de o Estado oferecer cada vez mais empregos regulares em vez de apenas apoiar projetos. O Estado é levado assim a agir como verdadeiro financiador da oferta artística. Ademais, financiando o polo da vanguarda, o Estado assume os encargos de financiar a subsistência dos artistas, reduzindo o impacto de reações negativas do público e demais riscos de insucesso em curto prazo. "As políticas culturais parecem assim se

14. *Idem*, p. 86.

desenvolver na medida em que seus insucessos repetidos, no que concerne aos objetivos de democratização, justificam esse crescimento"[15].

Para Urfalino, isso engendra um paradoxo: o governo não pode escolher, nem julgar, nem deixar isso ao povo. No caso particular das artes plásticas, essa posição "sem margem de manobra" faz com que a política correta seja sempre a de acrescentar "algo mais ao catálogo", ou seja, a cada ano, só cabe ao Estado financiar mais e mais atividades, em novas e originais rubricas, visto que não dá para dizer não ao já estabelecido. Assim, firma-se a lógica de "dilatação infinita do catálogo".

A ação do Estado precisa ser entendida como a resolução de um problema de alocação de recursos sem critérios de escolha, insiste Urfalino. Uma saída para esse impasse é "externalizar" a instância de julgamento, tal como fazem os países anglo-saxões, "onde a criação de 'Conselhos' encarregados de distribuir subsídios públicos é considerada um meio de neutralizar influências políticas, enquanto a delegação de decisões a comissões (*panels*) protege o governo da acusação de arbítrio". Por isso, o que se entende por política cultural não passa, em grande parte, de governos lidando com a "autoadministração da arte pela comunidade de pares"[16]. Só que, no caso das artes, não existe a certificação estatal de qualidade que, na ciência, é referendada pelo credenciamento e pelo controle que o Estado desenvolve, do sistema universitário e dos diplomas que ele emite.

Refletindo sobre o cenário atual na França, Pierre Moulinier[17] caracteriza a situação como de necessidade de se conferir um novo sentido à ação governamental na área. Segundo esse autor, ela ainda estaria referida à época de dinheiro abundante (anos 1980), na qual o objetivo da descentralização acabaria provocando uma proliferação confusa de instâncias de decisão. Assim, impõe-se reavaliar a articulação entre os agentes que intervêm na aprovação de projetos e atividades[18] e assegurar um novo princípio de legitimidade que leve de alguma forma em conta o interesse coletivo (ou o "lado da demanda"), e não apenas os interesses dos artistas e administrado-

15. *Idem*, p. 90.
16. *Idem*, pp. 95 e ss.
17. P. Moulinier, *Les Politiques Publiques de la Culture en France*, Paris, PUF, 1999 (col. Que sais-je?, 3427).
18. São, no mínimo, sete os níveis de competência administrativa nessa matéria, provocando não raro desperdício e superdimensionamento de equipamentos culturais.

res culturais (o "lado da oferta"). Finalmente, Moulinier propõe uma ação de correção territorial das dotações, contemplando-se melhor as regiões mais pobres e com menos alternativas culturais.

6.3. Estados Unidos: Traços Históricos da Relação entre Artes, Política e Administração

Para evitar uma visão simplista da pujança do setor privado no suporte às artes nos Estados Unidos, é aconselhável trazer aqui um pouco da análise desenvolvida por Paul DiMaggio[19]. Esse sociólogo vem trabalhando questões situadas no fecundo cruzamento da sociologia da arte com a sociologia das organizações. Sua análise aponta para fatores que, embora não muito explícitos, foram fundamentais para o sucesso da filantropia no apoio às artes.

Segundo DiMaggio, a partir de 1870 houve nos Estados Unidos uma proliferação de museus, orquestras e bibliotecas públicas, fruto da iniciativa de elites locais. No caso dos museus, os membros dessas elites, e os curadores identificados com eles, tendiam a interpretar como sua missão principal o enriquecimento das coleções. Em relação ao conjunto da população local, sua postura era antes de distanciamento conformado do que de aproximação decidida. É preciso também notar que, a partir de 1870, começou a surgir bastante iniciativa individual, propriamente empresarial, no campo das artes. Segundo Kreidler, "muitos teatros, orquestras, companhias de ópera, empresários das artes ao vivo, e mesmo museus, operavam como iniciativas comerciais de empresários individuais"[20].

Uma profunda mudança de orientação começou a ocorrer na administração desses museus, na década de 1930. Ela consistiu em mudar a ênfase até então predominante na ampliação da coleção e no distanciamento entre o que seria "arte" e "não arte" (ou Arte, com maiúscula, em relação a artesanato, folclore e arte popular) por outra mais comprometida com a atração e frequência de público. Isso, por sua vez, desdobrava-se em uma postura mais envolvida com a educação artística do povo e mais disposta (por exem-

19. P. DiMaggio, "Constructing an Organizational Field as a Professional Project: US Art Museums, 1920-1940", em W. W. Powell & P. DiMaggio (eds.), *The New Institutionalism in Organizational Analysis*, Chicago, University of Chicago Press, 1991.
20. J. Kreidler, "Leverage Lost: Evolution in the Nonprofit Arts Ecosystem", em G. Bradford, M. Gary & G. Wallach (eds.), *The Politics of Culture*..., 2000.

plo) a manter os museus abertos em horários que pudessem acolher pessoas de todos os segmentos sociais, e não apenas uma minoria privilegiada.

Nos anos 1930, a partir de um programa de financiamento a museus lançado pela Carnegie Corporation of New York, que partilhava dessa filosofia, a nova postura se expande. Acontece que o programa da Carnegie contemplava como destinatários e interlocutores os próprios diretores de museus, e não os *trustees* (representantes dos patronos), geralmente oriundos das elites locais e pouco comprometidos com o trabalho pedagógico.

A tese de DiMaggio[21] é que o programa da Carnegie ajudou a criar um "campo organizacional", a saber, um espaço no qual os diretores puderam resistir à posição dos *trustees*, dos quais eram empregados. Esse movimento garantiu que fosse estendida aos museus uma perspectiva que já era adotada para bibliotecas públicas e orquestras sinfônicas, ou seja, uma posição proativa de expansão do público. A propósito, antes de serem protegidas do mercado pelo apoio das fundações, através da figura da *not-for-profit organization*, muitas orquestras sinfônicas funcionavam empresarialmente, e isso ajudou muito quando foram suscitadas a pensar em ampliação e satisfação de seu público.

O autor cita dados eloquentes do ritmo de implantação de novos museus e da melhoria de sua condição. Em 1930, os Estados Unidos tinham 167 museus de arte, dos quais sessenta haviam sido criados durante os anos 1920; em 1938, eles eram 387. Observando as doações mais vultosas que eles receberam, DiMaggio constata que, entre aquelas de cem mil dólares ou mais, que somaram 2,6 milhões em 1920, alcançaram dezoito milhões em 1930. A capitalização dos museus aumentou de quinze milhões de dólares em 1910 para 58 milhões em 1930[22]. A praxe era de as prefeituras entrarem com o prédio, sua manutenção e com o dinheiro para educação, enquanto os *trustees* financiariam o aumento do acervo, os salários e as bolsas de estudo. Simultaneamente, desenvolvia-se o ensino de artes de modo a gerar não só público, mas também técnicos e administradores para os museus.

Foi nesse período que instituições como Rockefeller e Carnegie lideraram um movimento entre as fundações para fomentar uma "filantropia mais científica", isto é, mais atenta à "eficiência" das doações. Para DiMag-

21. P. DiMaggio, "Constructing an Organizational Field as a Professional Project...", *op. cit.*, 1991.
22. *Idem*, p. 272.

gio, a gestão de Keppel na Carnegie Corporation acentuou a visão segundo a qual "a arte é elemento essencial da qualidade de vida; com planejamento adequado, liderança esclarecida e boa dose de competência, os museus de arte poderiam tornar-se tão importantes quanto as bibliotecas para a educação pública"[23].

Assim, a Carnegie Foundation começou a encorajar o associativismo entre diretores de museu como já havia feito com os diretores de bibliotecas públicas. Daí o surgimento da American Association of Museums (AAM). "O resultado foi um campo organizacional amplamente definido pela atividade informal e associativa dos profissionais de museu, mais do que por laços formais com os museus que os empregavam"[24].

Como os museus eram organizações não lucrativas, o associativismo entre seus diretores não provocava as suspeitas que tradicionalmente cercam semelhantes redes entre responsáveis por empresas. Nas palavras de DiMaggio, "enquanto os contatos interorganizacionais entre empresas com fim lucrativo levantam suspeita de conluio, a interação entre organizações não lucrativas e entre seus empregados é celebrada como 'coordenação' "[25]. Portanto, as associações profissionais, encorajadas pelas fundações, tiveram nos Estados Unidos, que são um país de governo central fraco, função similar à que no Japão coube a entidades empresariais, ou que, na Suécia, recaiu sobre entidades sindicais ligadas ao governo[26].

Além do estudo até aqui examinado sobre as origens e trajetória dos dirigentes culturais norte-americanos, DiMaggio repensou, para seu país, o modelo teórico proposto por Pierre Bourdieu para a análise da expressão cultural das relações entre classes sociais no interior do espaço nacional. Como se sabe, o modelo desenvolvido por Bourdieu é marcadamente referido à situação francesa[27].

23. *Idem*, p. 273. O sucesso dessa orientação pode ser visto a longo prazo. A última pesquisa de frequência às artes, do NEA (National Endowment for the Arts), em 1997, mostrou que 68 milhões de americanos (35% dos adultos) fizeram 225 milhões de visitas a museus de arte, no intervalo de doze meses. Visitar museus de arte foi a "saída cultural" mais popular, superando espetáculos de música popular ou erudita, dança, opera etc. Ver também <*www.nea.gov*>.
24. P. DiMaggio, "Constructing an Organizational Field as a Professional Project...", *op. cit.*, p. 275.
25. *Idem*, p. 288.
26. *Idem*, p. 286.
27. Ver P. DiMaggio, "Social Structure, Institutions, and Cultural Goods: The Case of the United States", em G. Bradford, M. Gary & G. Wallach (eds.), *The Politics of Culture...*, 2000.

Para apontar a especificidade dos Estados Unidos, DiMaggio sustenta que qualquer sociedade se diferencia, no plano simbólico, em quatro dimensões: 1. *diferenciação* (medida em que os bens culturais são agrupados em poucos ou, ao contrário, em muitos gêneros); 2. *hierarquia* (medida em que esses tipos ou gêneros são vistos como desiguais, ou, ao contrário, de valor equivalente); 3. *universalidade* (extensão, no âmbito social, em que tais hierarquias são reconhecidas); e 4. *poder simbólico* (*symbolic potency*) ou medida em que a transgressão às barreiras culturais envolve sanções negativas.

> Os sistemas classificatórios são modelados por mudanças na organização da autoridade cultural e no modo como os bens culturais são alocados. A estrutura social modifica o alcance das classificações culturais ao afetar a capacidade dos agentes em se organizar e dos usos que os indivíduos podem fazer dos recursos culturais[28].

Para DiMaggio, a forma como foi institucionalizada a cultura erudita nos Estados Unidos retirou parte do poder de exclusão social que ela exerceu e ainda exerce em outros países. Lá, segundo ele, criou-se um sistema de classificação cultural mais diferenciado, menos hierárquico, menos universal e menos poderoso[29]. Entre outras particularidades, as duas esferas simbólicas básicas – cultura erudita e cultura popular – formaram-se ao mesmo tempo e com a mesma força em todo o espaço nacional, donde não haver distinções regionais muito significativas entre ambas.

Assim, as fundações ajudaram não só a fortalecer associações profissionais de dirigentes culturais, como também colaboraram enormemente com os fundos necessários para que o ensino artístico se expandisse nas universidades. Por sua vez, as indústrias culturais também ajudaram bastante a expor o norte-americano médio à cultura erudita, através da divulgação de seus eventos e produtos em jornais, revistas, rádio e televisão de alcance nacional. Exemplos: as estações de rádio e as gravadoras de disco sempre foram abertas à divulgação da música de concerto; a publicidade, por sua vez, impôs padrões de gosto, assumindo um poder de classificação cultural que a família e a igreja não conseguiam mais exercer.

28. P. DiMaggio, "Social Structure, Institutions, and Cultural Goods...", *op. cit.*, p. 39.
29. *Idem, ibidem.*

Toda uma infraestrutura foi assim formada, entrelaçando em nível nacional associações de profissionais, de organizações, de fundações e corporações privadas capazes de lucrar com as artes. No ápice, estavam as universidades, autorizadas a formar e expandir os cânones da "alta" cultura. Se, antes de 1910, a cultura erudita operava quase inteiramente em nível local, a rede montada veio uni-la de baixo para cima.

Para DiMaggio, a cultura erudita nos Estados Unidos é um espaço cujas barreiras estão se desmantelando. Ele cita três razões básicas para isso: primeira, os Estados Unidos não tiveram uma aristocracia e aquilo que se chama de elite nacional é uma classe que se formou a partir das elites locais, através do comando das grandes organizações (econômicas), trazendo consigo a formação de uma ampla classe média educada, também em âmbito nacional; segunda, o mecenato artístico institucionalizou-se; nesse movimento se viram envolvidas, cada vez mais, fundações privadas, empresas e o próprio Estado, quer dizer, o mecenato privado induziu até mesmo o governo a criar seus órgãos de apoio às artes; terceira, uma "revolução gerencial" (*managerial revolution*) bem-sucedida no campo artístico. Hoje em dia, há muito mais *trustees* do que antes, em função da expansão das instituições artísticas; como eles são cada vez mais recrutados dentro da camada gerencial (*corporate middle-class*), isso os torna mais espontaneamente receptivos ao mercado, ajudando a enfraquecer os melindres antimercantis da alta cultura.

DiMaggio diz ainda que houve no país uma "produção em massa de consumidores culturais", notadamente gente que gosta e assiste tanto a gêneros comerciais como eruditos. Enfim, gente cujo repertório de gosto foi ampliado pela escola, gente educada para as artes, e não gente que ganhe mais ou que tenha mais tempo livre, como rezam algumas versões, segundo ele, equivocadas.

O otimismo de DiMaggio em relação ao futuro do patrocínio às artes nos Estados Unidos fundamenta-se no bom funcionamento daquilo que ele chama de "lógica do acesso" (*access*), de lógica da prestação de contas (*accountability*)[30] e de lógica da formação de eleitorado (*constituency for-*

30. "*Accountability* é definida, na prática, como a capacidade de gerar propostas de financiamento e relatórios com informações pormenorizadas sobre o uso do dinheiro e sobre o público-alvo, e também em termos de estruturas administrativas, afinadas com as expectativas dos patronos. Muitos patronos condicionavam seu apoio a garantias não artísticas, mas organi-

mation). A primeira exprime a firme preocupação dos dirigentes culturais com a ampliação de público como justificativa para dispêndios em cultura; a segunda se alimenta das expectativas das agências financiadoras de que os solicitantes de recursos saibam comprovar e responder publicamente por seus projetos e programas; a terceira, privativa das agências governamentais, lembra que a distribuição de verbas entre organizações artísticas precisa ser sensível aos segmentos de público que constituem os eleitorados daqueles que fiscalizam, no Congresso, a destinação de suas receitas.

Assim, há um movimento de base que consiste, *grosso modo*, em entender cultura como serviço público ligado ao crescimento econômico e ao desenvolvimento comunitário. DiMaggio cita, por exemplo, a Califórnia como um Estado que exige de suas mais de trezentos agências locais (*local arts agencies*) que se integrem com a comunidade para planejar atividades, como condição para o suporte estadual.

Finalmente, esse autor registra o avanço alcançado na reprodução escolar dos administradores culturais. Hoje existem, na universidade norte-americana, mais de trinta programas de *arts administration* criados desde os anos 1970, em parte como resposta ao apoio federal às artes. Observando a remuneração desses novos dirigentes culturais, DiMaggio constatou existir correlação positiva entre ganhos e participação nas organizações da área artística.

Três tendências delineiam o cenário para as políticas culturais nos Estados Unidos: o *cultural pluralism*, que já é forte, tenderá a aumentar de peso na agenda política, à medida que aumenta a presença de imigrantes nas cidades que são os dois principais polos artísticos dos Estados Unidos: Nova York e Los Angeles. A institucionalização, baseada no princípio de que é melhor apoiar o que já existe e exprime interesse organizado do que financiar o novo, sem base de referência conhecida. Trata-se do *constituency building imperative*, que leva as organizações artísticas a procurar agradar a seu público regulando-se pelo fato de que é mais fácil trabalhar politicamente clientelas já constituídas em eleitorado do que aquelas que são amorfas desse ponto de vista.

zacionalmente importantes, tais como esquemas de *marketing*, diretrizes para aplicação de fundos e planos estratégicos." Ver P. DiMaggio, "Social Structure, Institutions, and Cultural Goods: The Case of the United States", em G. Bradford, M. Gary & G. Wallach (eds.), *The Politics of Culture...*, p. 52.

6.4. Estados Unidos: Questões de Política e Financiamento à Cultura na Virada do Século

Para encurtar este relato, e dada a quantidade de bibliografia existente para o caso norte-americano, decidiu-se aqui usar um número restrito de textos, dando-se preferência aos mais atuais[31] e aos que suscitam questões mais instigantes. Do ponto de vista de uma descrição sintética do sistema de financiamento às artes e ao patrimônio, vale começar por um texto conciso e atual, de Kevin V. Mulcahy, um cientista político da Louisiana State University e editor de *The Journal of Arts Management, Law, and Society*, o mais reputado periódico norte-americano em política e administração cultural[32].

Mulcahy lembra que, nos Estados Unidos, o financiamento às artes e ao patrimônio é feito por diversas fontes, dentro de um padrão de pluralismo administrativo. Em nível federal, não existe nada semelhante a um Ministério da Cultura; no entanto, vigora uma multiplicidade de agências que são fiscalizadas por diferentes comitês do Legislativo e que respondem a uma variedade de interesses e de orientações de política referidos a segmentos específicos de públicos e de eleitorado. No centro dessa multiplicidade de agências, está o National Endowment for the Arts (NEA).

Mulcahy publicou, em 1998, um artigo comparando os sistemas de apoio governamental às artes na França, Alemanha, Noruega e Canadá. A escolha desses países foi para garantir a presença de quatro "modelos" de apoio público às artes, representados por cada um[33].

Um deles é o "mecenato real" (*royal patronage*), representado pela França, no qual o governo central tem peso determinante e a ideia de cultura é estreitamente associada a orgulho nacional, donde uma tendência para marcar a gestão cultural por iniciativas de grande envergadura e visibilidade, a exemplo da Pirâmide do Louvre, do Centre Georges Pompidou. Outro, o de "mecenato de príncipes" (*princely patronage*), representado pela Alemanha, no qual o apoio é descentralizado entre regiões e localidades.

31. Levando-se em consideração que este texto foi escrito no ano de 2000.
32. K. V. Mulcahy, "American Cultural Patronage in Comparative Perspective", em *International Conference on Cultural Policy Research*, Bergen (Noruega), 10-12 nov. 1999, vol. 1, pp. 174-182.
33. K. V. Mulcahy, "Cultural Patronage in Comparative Perspective: Public Support for the Arts in France, Germany, Norway, and Canada", *The Journal of Arts Management, Law, and Society*, Winter 1998.

Segue-se o mecenato liberal (*liberal patronage*), representado pelo Canadá, no qual as decisões principais são descentralizadas e os fundos são distribuídos por um sistema de *arm's-lenght* criado em 1957, inspirado no exemplo inglês. E, finalmente, o "mecenato social-democrata" (*social-democratic patronage*), representado pelos países escandinavos, ou, no caso mais concreto, a Noruega, no qual o governo central tem papel predominante, ao mesmo tempo financiando instituições permanentes em Oslo e exibições itinerantes pelo país (concertos, teatro, exposições de artes plásticas etc.).

Existem outros e mais clássicos estudos comparativos de políticas culturais, privilegiando, geralmente, o sistema de financiamento e a distribuição de poder[34]. Mas não é o caso de tentar aqui fazer uma síntese desse conhecimento, apenas assinalar que, apesar de as principais diferenças entre esses estudos resultarem de processos históricos muito profundos (e até certo ponto intransponíveis a outros países), o presente clima neoliberal está provocando certa aproximação entre todos os países[35].

Por isso tudo, é oportuno passar às questões da agenda atual (ano 2000), na qual os Estados Unidos serão o foco da análise. Todavia, um pouco da situação europeia também será trazida, dada a relevância que a questão da privatização vem colocando em virtude da queda do bloco soviético e do surto de globalização.

A seguir há uma súmula de informações para se compreender o posicionamento do National Endowment for the Arts (NEA).

O NEA foi criado em 1965, como agência independente, ligada ao governo federal norte-americano e teve sua receita e sua possibilidade de subsídio em expansão até o início dos anos 1990, quando o Congresso começa a questionar sua existência e a cortar seu orçamento em represália ao apoio concedido a exposições consideradas imorais e sacrílegas.

34. Ver M. Cummings Jr. & Richard Katz (eds.), *The Patron State: Government and the Arts in Europe, North America and Japan*, New York, Oxford University Press, 1987. E também M. Cummings Jr. & J. M. D. Schuster (eds.), *Who's to Pay for the Arts? The International Search for Models of Arts Support*, New York, American Council for the Arts, 1989.

35. Para uma referência mais sistemática dos estudos de políticas culturais em perspectiva comparada, ver N. Kawashima, "Comparing Cultural Policy: Towards the Development of Comparative Study", *Cultural Policy*, vol. 1, n. 2, pp. 289-307, 1995. Essa autora lembra, contudo, que a bibliografia é escassa e pouco sistemática, mas salienta, citando Heidenheimer, que, no geral, os estudos de políticas públicas constituem uma especialização relativamente recente, de trinta anos, no máximo. Ver A. J. Heidenheimer *et al.* (eds.), *Comparative Public Policy: the Politics of Social Choice in America, Europe and Japan*, 3. ed., New York, St. Martin's Press, 1990.

Além de financiar projetos de indivíduos e organizações (o NEA continua sendo o maior financiador individual de organizações não lucrativas na área de artes no país) e de repassar verbas através de convênios com agências estaduais e locais de arte (*state and local arts agencies*[36]), o NEA mantém uma divisão de pesquisa (Research Division), que encomenda e supervisiona os Surveys of Public Participation in the Arts (SPPAS). Já foram realizadas quatro edições dessa pesquisa. A última foi em 1997, quando foram ouvidos doze mil norte-americanos adultos sobre seus hábitos culturais (consumo e amadorismo artístico[37]).

A divisão de pesquisa também analisa dados do Bureau of the Census (recenseamentos econômicos e de população), do Bureau of Labor Statistics (BLS) (que mede a situação de emprego) e do imposto sobre a renda (Internal Revenue Service – IRS) acerca do número de artistas no país. Hoje este número é próximo de dois milhões (agregação de onze categorias que representam diferentes formas de arte). Estudam-se sua distribuição espacial e sua condição de emprego e renda[38], levando-se em conta variáveis como sexo e idade. Desse modo, oferece um panorama geral, usado também como base para pesquisas mais setorizadas (música, edição, museus etc.). Os dados fiscais também permitem estudos sobre as *nonprofit organizations*, também conhecidas pela classificação tributária em que se enquadram: 501(c)3. Os censos econômicos podem ser usados, por exemplo, para avaliar o movimento das galerias de arte ou, mais genericamente, para

36. As *state arts agencies* recebem 40% dos recursos do NEA, devendo, também por lei, acrescentar um dólar seu a cada dólar recebido, por sua vez convertido em outras doações ou no sustento de suas organizações artísticas.

37. O amadorismo cultural parece estar em alta nos EUA. As taxas mais altas relacionam-se à fotografia, praticada por 17% dos americanos; o desenho/pintura/escultura, com 16%; a dança (13%); e a escrita (12%).

38. A propósito, a população de artistas cresceu, entre 1994 e 1997, à taxa média de 2,7%, superior mesmo ao conjunto dos *professionals*, que reúne todos aqueles com educação superior (taxa de 2,4%) e mais do que o dobro da taxa da população economicamente ativa em seu todo, que foi de 1,3%. Em 1997, a taxa de desemprego entre artistas (4,2%) foi o dobro daquela dos *professionals* (2,1%) e somente um pouco inferior ao da população ativa em geral (4,9%). Todavia, internamente ao grupo de artistas, as taxas de desemprego variavam enormemente, estando as maiores entre dançarinos (13,6%), atores e diretores (9,2%) e músicos e compositores (7,1%). Ver *Artist Employment in America – 1997*. Research Division Note #61, março 1998. Disponível em: <www.nea.gov/research/Notes/61.pdf>.
Acesso em: 11 abr. 2012. Embora o *site* do NEA não o diga explicitamente, esse monitoramento de emprego serve para dar ideia do tamanho das clientelas com que os suportes às artes têm de lidar a cada ano.

sinalizar a "saúde econômica" de determinada categoria de organização artística, de modo a saber se ela tem *sustainability* ou não.

O catálogo de publicações da divisão de pesquisas do NEA traz mais de setenta títulos, distribuídos por grandes rubricas: artistas, organizações artísticas, frequência de público às manifestações de arte (*audiences*), além de dois estudos de impacto econômico das artes. A normalização desses dados básicos ao longo do tempo favorece estudos prospectivos e de construção de cenários, por sua vez levados em conta nos planos estratégicos do NEA. Algumas vezes, esses estudos são realizados nas universidades, e, em outras, resultam de encomendas de *surveys* especiais.

Merece destaque o cuidado que o NEA confere a pesquisas que sejam "relevantes para a política cultural", definidas como as que trazem dados confiavelmente precisos, que permitam comparações entre organizações distintas, úteis para avaliar projetos transdisciplinares, e comparabilidade temporal. Ademais, os bancos de dados servem para administradores, provedores de recursos e elaboradores de políticas mensurarem aspectos que lhes sejam importantes.

O NEA ainda aproxima indivíduos e organizações dos mais variados nichos do campo artístico (dentro do país e mesmo no estrangeiro), para os quais presta informações e fomenta intercâmbio, ajudando na procura de trabalho, emprego[39], financiamentos e parcerias. Mantém também um serviço para responder a dúvidas e questões, em consonância com o Freedom of Information Act Guide, de 1966, e para tanto dá ciência de todos os dados de que dispõe, os quais coloca à disposição do público. Oferece treinamento em administração das artes, através de artigos, tutoriais, estudos de caso, análise técnica de produtos e serviços de perguntas e respostas. Depois de assegurar que em sua história já distribuiu mais de cento e onze mil doações, das quais resultaram muitas obras premiadas, o NEA adverte, cuidadosa e repetidamente, que é uma organização independente, cujas doações resultam de uma seleção de projetos por comitês assessores compostos por especialistas e leigos. Apresenta nominalmente todos os componentes de seus comitês assessores, a começar pelo mais alto – o National Council on the Arts –, que, aliás, é também integrado por seis membros do Congresso, nomeados *ex-officio*. O ano do término do mandato de cada um também é mostrado.

39. Ver <www.nea.gov/about/Jobs/JobsMenu.html>. Acesso em: 11 abr. 2012.

O NEA oferece reconhecimento nacional à excelência e ao mérito artístico e suporte econômico para atividades artísticas baseadas nos mais altos critérios e através de uma competição nacional, avalizada por uma apreciação fundada na cidadania. Oferece também, através de sua liderança na distribuição nacional e regional de recursos, acesso às artes para todos os cidadãos norte-americanos, independentemente de seu local de moradia, nível de renda, idade, condição física e origem étnica. Reúne, em nível regional e nacional, representantes dos mais variados campos artísticos, e dos setores público e privado, para identificar e percorrer caminhos que permitam às artes continuar dando sua contribuição à qualidade de vida de todos os cidadãos. Assegura liderança nacional em educação artística para as crianças norte-americanas. Apoia a identificação, preservação e acesso ao patrimônio cultural dos Estados Unidos, em toda a sua diversidade.

Usando apenas uma modesta parcela do orçamento federal, o NEA exerce função catalisadora, provocando a mobilização de fundos por parte de outras agências governamentais e do setor privado. Assegura recursos indispensáveis para projetos de largo impacto e de escopo nacional ou pluriestadual. E incentiva e fornece padrões de referência para as agências estaduais e locais de artes.

Em parceria com o setor privado, e com outras agências governamentais, o NEA assegura o acesso às artes em todo o território nacional. Fomenta, em posição de liderança e através da comunicação, do diálogo e da pesquisa, novas concepções acerca das artes e de seu lugar no país.

Em termos de fontes governamentais, os Estados e, sobretudo, os municípios se encarregam da maior parte do custeio das artes. Uma extensa rede de entidades estaduais (*state arts agencies*) e locais (*local arts agencies*) compõe essa base de apoio. A criação dessas agências foi induzida, em sua quase totalidade, pelo NEA, uma vez que o repasse de verbas assim o exigia. Em 1997, as agências locais canalizaram setecentos milhões de dólares; as estaduais, 305 milhões. Diante desses valores, os 98 milhões despendidos pela agência federal (o NEA) são um montante bastante modesto[40]. Aliás,

40. O total dos gastos federais com artes e humanidades é, aliás, bem maior que isso: chega a 1,3 bilhão de dólares, cobrindo os dois fundos (National Endowment for the Arts e National Endowment for the Humanities), e mais os recursos para uma série grande de instituições sediadas em Washington, como a Smithsonian Institution (318 milhões), a Corporation for Public Broadcasting (260 milhões), a Library of Congress (208 milhões), para só mencionar as três

comparado à média de gastos dos governos centrais da Europa Ocidental, que é de quarenta dólares *per capita*/ano, a despesa do NEA é insignificante (36 centavos *per capita*).

As agências estaduais tendem a organizar-se em um sistema de conselho de artes, que não é remunerado (composto, em geral, por gente de elite: homens e mulheres de negócio e advogados, e por representantes do Legislativo). Através da direção executiva se faz a ponte com o governador do Estado, e a seleção de projetos é feita por comitês assessores. Uma parte dos recursos é repassada aos municípios, às vezes proporcionalmente ao número de habitantes (*per capita*). O município é considerado instância mais sensível às artes comunitárias e de minorias. Grupos de artistas também trabalham em favor da distribuição dos recursos perante as agências estaduais e locais. Apesar de as discussões e da participação da sociedade civil em influenciar decisões sejam aparentemente muito mais intensas do que no Brasil, há vozes discordantes. É o caso do livro *The Unfulfilled Promise*, de Edward Arian (1989), cuja tese principal é que o sistema de apoio "em cascata" instaurado pelo governo federal através do NEA, embora tivesse mobilizado contrapartidas de recursos muito importantes, continuava sendo uma "promessa não cumprida"[41]. Ou seja, estaria concentrando recursos em organizações artísticas mais sólidas e antigas (e que representavam a arte erudita de origem europeia), em detrimento do apoio direto aos artistas e às expressões artísticas das minorias étnicas.

Mas, o que é mais ainda eloquente em matéria de recursos para as artes é o dispêndio (ou investimento) privado. A rubrica "artes, cultura e humanidades" do setor filantrópico (aí incluída a renúncia fiscal de indivíduos e empresas, assim como a receita alocada à área pelas fundações) foi, em 1997, de dez bilhões de dólares[42]. Quando olhado em perspectiva

maiores. Outro dado que caracteriza a autonomia das agências estaduais e locais é sua participação em parcerias envolvendo outros países: segundo um *survey* do NEA em 1994, aproximadamente dois terços das agências estaduais de artes apoiavam atividades internacionais. Outro *survey* de 1992, promovido pela National Assembly of Local Arts Agencies/NASAA, abrangendo 208 agências locais, constatou que a metade (51,9%) estava envolvida em intercâmbio internacional. O *site* atual da NASAA é <www.nasaa-arts.org/>; acesso em: 11 abr. 2012.

41. Ver E. Arian, *The Unfulfilled Promise*, Philadelphia, Public Subsidy of the Arts in America, Temple University Press, 1989.
42. Esse total é, por sua vez, apenas uma pequena parcela dos 143,8 bilhões de dólares que a filantropia destinou, no mesmo ano, às mais variadas atividades.

temporal, aquela quantia anual, que era de menos de três bilhões em 1968, atingiu a cifra de dez bilhões em 1990, e, desde então, vem-se repetindo em valores mais ou menos constantes. O que é mais notável nesse sistema é o fato de que 80% do que o setor cultural, como acima definido, recebeu da filantropia privada foram de contribuintes individuais, não de fundações ou empresas.

A esse respeito, conclui Mulcahy:

> O subsídio público indireto proporcionado pelas doações filantrópicas apoiadas em deduções fiscais é o elemento central na sustentação dos oito mil museus, das duas mil comissões de preservação local, dos 351 canais de TV pública, das 548 estações de rádio, dos sete mil teatros comunitários, das 1,8 mil orquestras sinfônicas, entre outros componentes da infraestrutura cultural da nação[43].

Para caracterizar a composição de fundos dessa tão importante instituição – a *local arts agency* –, Mulcahy acrescenta que, de seu orçamento, a metade (50%) provém de fontes governamentais, sobretudo de prefeituras; 31% são receitas obtidas por elas próprias e os restantes 19% vêm do setor filantrópico (indivíduos, corporações e fundações). Isso significa dizer que elas dão atenção ao mercado e às oportunidades de renda que ele abre. No país inteiro, o número de *local arts agencies* é da ordem de 3 800; a grande maioria delas surgida em função da existência do NEA e das agências estaduais de arte nos anos 1970[44].

Daí que, na medida em que os aportes do governo federal começaram a diminuir, a partir do início dos anos 1990, o sistema norte-americano acentuou traços de privatização e organização local (*privatization and localization*), que trazia desde as últimas décadas do século XIX. O apoio governamental contempla desigualmente os vários gêneros estéticos, sendo de 6% sua participação nas artes ao vivo e até 30% para os museus.

Os números aqui trazidos destacam a enorme participação da filantropia e do mercado no apoio às artes nos Estados Unidos, o que remete à questão, difícil de abordar não superficialmente, de saber a que elementos do repertório nacional de valores se reporta tão vigorosa tradição.

43. K. V. Mulcahy, "Cultural Patronage in Comparative Perspective...", *op. cit.*, pp. 176-177.
44. Ver J. A. Smith, "Preface", em G. Bradford, M. Gary & G. Wallach (eds.), *The Politics of Culture...*, 2000, p. 10.

A título de hipótese, e apenas para não deixar o assunto sem alguma referência, vale introduzir um argumento apresentado durante uma entrevista que tive com Eugene Miller, do Center for the Study of Philanthropy, da City University of New York. Ele admite que três circunstâncias históricas básicas alicerçam a robustez da filantropia no país: primeira, o fato de os Estados Unidos terem um governo central fraco (comparativamente aos da América Latina), não terem uma instituição catalisadora de esforços caritativos, como acontece com a Igreja Católica na América do Sul, e terem um vasto conglomerado de comunidades de imigrantes que precisaram construir seu padrão interno de solidariedade para se estabelecer e subir na escala social. Embora esse último fator seja comum nas duas Américas, os dois anteriores parecem ser decisivos. Em ensaio mais histórico sobre as origens da filantropia nos Estados Unidos, Kathleen McCarthy[45] refere-se a seus fundamentos religiosos, situando-os na "fé messiânica na perfeição humana" de que se sentiam investidos os protestantes, em especial os evangélicos, responsáveis por doações e trabalhos voluntários em inúmeras paróquias. Suas paróquias eram menos centralizadas e menos hierarquizadas do que no mundo católico. Parece que a conexão mais importante entre fé e filantropia passa pela crença no ato de ensinar, isto é, na transmissão de competências vista como incumbência ética, o que teria tornado as classes altas e médias dos Estados Unidos menos propensas a isolar-se do resto da sociedade como em países latinos. Mas, quando essa autora descreve a participação social e a liberdade de ação da mulher nas paróquias católicas, vê-se que, mesmo nelas, o desempenho filantrópico deve ter sido muito maior do que o existente em países como o Brasil, donde a distinção religiosa provavelmente ter menos importância do que se costuma atribuir.

Na bibliografia mais recente sobre o tema filantropia, encontra-se um estudo sociológico feito por Francie Ostrower[46], que examina as condutas filantrópicas no interior da elite social norte-americana e no interior de cada segmento étnico em que essa elite se decompõe.

45. Ver K. McCarthy, "Religion, Philanthropy, and Political Culture", em R. K. Fullinwider (ed.), *Civil Society, Democracy, and Civic Renewal*, Lanham, Rowman & Littlefield Pub., 1999, pp. 297-315.
46. Ver F. Ostrower, *Why the Wealthy Give? The Culture of Elite Philanthropy*, Princeton University Press, 1997.

Os achados de Ostrower mostram que a filantropia nos Estados Unidos é um comportamento enraizado nas elites sociais, que veem nela uma maneira de fazer o que o governo não faz, ou de fazer melhor o que o governo faz. Ou seja, ela se vê como superior, em termos de descortínio, do que os políticos e burocratas de governo[47]. Ademais, como a filantropia valoriza o apoio continuado a organizações (ao contrário de doações puramente erráticas e descontínuas), garante-se, através dela, uma visão de prazo mais longo e uma perspectiva mais pluralista no que se refere às estratégias das instituições beneficiadas. Nesse sentido, a autora faz questão de assinalar o sério e frequente sentimento de comprometimento entre doadores e instituições beneficiadas, para cujos postos dirigentes acabam indo pessoas que mantêm afinidades com aqueles. "Em filantropia, administradores escolhidos com base em sua posição corporativa, mais do que por laços familiares ou *status*, vêm crescentemente escalando as hierarquias de *trustees*"[48].

As artes apresentam algumas peculiaridades como objeto de filantropia. Por exemplo, constituem um campo em que as doações abrangem instituições mais numerosas, isto é, são mais genéricas do que as doações que beneficiam, por exemplo, as universidades. As doações para educação focalizam geralmente a universidade que o doador frequentou, o que não acontece com a cultura. Além disso, as doações para cultura são, mais frequentemente que as demais, feitas por casais, e não apenas por adultos solteiros, ou por marido ou mulher, separadamente. Como as doações para as artes trazem (e supõem) afinidades pessoais com o exercício e a fruição artística, elas constituem a especialidade na qual há mais pessoas de elite fazendo parte dos *boards* das entidades patrocinadas, o que significa maior envolvimento do que ocorre em relação a outros tipos (ou destinações) de ação filantrópica. Ou seja, são a especialidade que mais se presta ao sentimento de pertencer à elite em seu todo, e não a um segmento étnico, religioso ou de origem nacional. Ademais, as artes são um ramo estratégico para os *new wealthy*, pela visibilidade que proporciona aos que acabam de ser (ou pretendem ser) aceitos nos círculos de elite.

47. Ou ainda, "os filantropos abastados costumam reconhecer que a filantropia lida melhor com assuntos mais circunscritos do que com problemas sociais de grande envergadura", que ficariam melhor sob a alçada do governo. Ver F. Ostrower, *Why the Wealthy Give?...*, p. 136.

48. *Idem*, p. 140.

Uma pesquisa de cobertura nacional, intitulada Giving and Volunteering in the United States[49], observou que 70% dos domicílios do país contribuíram, em 1998, para alguma organização filantrópica, numa média de 1 075 dólares, ou 2,1% de sua renda. Registrou também que mais da metade dos norte-americanos (55,5%, ou 109,4 milhões de pessoas) prestou algum trabalho voluntário (a média é de 3,5 horas semanais). Multiplicando esses valores de pessoas e horas por um valor-hora estimado de 14,30 dólares, chegou-se a uma estimativa do valor criado pelo trabalho voluntário: 225,9 bilhões de dólares. Como, desse total, 5,2% do tempo foram consumidos na rubrica *arts*, dá para estimar que, só por essa via, a área artística teve um aporte equivalente a doze bilhões de dólares. Tanto o número de horas de voluntariado como o dinheiro doado por domicílio mantêm-se constante, ou com pequeno acréscimo no último quinquênio.

Para uma ideia também sintética das várias origens dos recursos que financiam as artes nos Estados Unidos, J. Mark Davidson Schuster[50] assim transcreve o modo como o NEA concebe um projeto típico:

> [...] no mínimo 60% da renda obtida vêm de receitas ganhas – ingressos vendidos, lucros das butiques de museus, da exploração de estacionamentos e restaurantes, e dos ganhos das ações e debêntures possuídas pela organização. Isso deixa, no máximo, 40% a ser cobertos por outras fontes. Na terminologia contábil, essas outras fontes são chamadas de renda "não ganha" (*unearned income*), embora muitos de meus colegas administradores culturais, que sabem o quanto de trabalho custa obtê-las, não vão certamente concordar com essa nomenclatura. Os 40% subdividem-se, *grosso modo*, da seguinte maneira: de 28% a 30% vêm de contribuintes individuais e apenas 3% a 4% vêm dos contribuintes pessoas jurídicas, e o restante sob outras formas de patrocínio. Uma parcela de 3% a 4% vêm de fundações privadas. Finalmente, as fontes públicas: juntando os três níveis de governo, elas contribuem com 5% das receitas de uma organização artística típica[51].

Outra fonte aqui trazida, e já citada, é um volume bem completo e atual sobre política e gestão cultural nos Estados Unidos – *The Politics of*

49. Independent Sector, 2000. Disponível em: <www.independentsector.org/giving_volunteering>. Acesso em: 11 abr. 2012.
50. J. M. D. Schuster, "Arguing for Government Support of the Arts: an American View", em O. Robison *et al.*, *The Arts in the World Economy. Public Policy and Private Philanthropy for a Global Cultural Community*, Hanover, Salzburg Seminar/University Press of New England, 1994, p. 43.
51. *Idem*, p. 43.

Culture –, editado por Gigi Bradford, Michael Gary e Glenn Wallach[52] e publicado por uma ONG sediada em Washington, DC, o Center for Arts and Culture, organismo que visa constituir um centro de reflexão e debate de políticas culturais.

Na introdução geral ao livro, Wallach pondera que, mais do que nunca,

> [...] mudanças rápidas nas indústrias culturais e no apoio às artes e humanidades, assim como as tensões explosivas derivadas das *cultural wars* vêm fazendo convergir política e cultura. A propósito, o que os norte-americanos chamam de "guerras culturais" é a luta que a ala conservadora e republicana do Congresso desencadeou contra o NEA, a partir de 1989, por ter dado apoio a exposições de artes plásticas contendo manifestações consideradas pornográficas e iconoclastas[53].

A partir daí, o Congresso exerce um controle muito forte sobre essa agência federal, aprovando, com relutância, sua continuidade[54]. Segundo George Yúdice, se for buscada a razão mais profunda do recuo do governo federal da área cultural, isto é, para além das aparências, há de se pensar no fim da Guerra Fria e a consequente desnecessidade de ter uma imagem positiva diante da comunidade intelectual[55]. Para ele, três são os fundamentos que orientam os diferentes estilos de política cultural até agora desenvolvidos nos Estados Unidos: *a.* sua longa tradição filantrópica e a intermitente (ou relutante) iniciativa federal; *b.* o debate internacional promovido desde os anos 1960 pela Unesco (United Nations Educational, Scientific and Cultural Organization); e *c.* o discurso crítico dos *cultural studies*, nova área acadêmica surgida nos anos 1950 a partir de teóricos ingleses.

52. Bradford, M. Gary & G. Wallach (eds.), *The Politics of Culture*...
53. Mais especificamente, a ira desencadeou-se quando se percebeu que o NEA havia participado do financiamento da exposição de fotografias homoeróticas de Robert Mapplethorpe, assim como de fotos de André Serrano, onde aparecia a cruz imersa em uma jarra de urina. Um pacto com o estabelecimento de um regime trienal de "reautorização" do NEA a ser aprovada pelo Congresso, selou a luta entre os senadores conservadores e as organizações que defendiam a continuidade do NEA sob condição de que qualquer financiado doravante devolveria fundos do órgão caso incidisse em obscenidades, comprovadas perante alguma corte. Ver K. McCarthy, *Twentieth-Century Cultural Patronage*, New York, The City University of New York/Center on Philanthropy and Civil Society, 1995 (Working Papers, 26).
54. Ou seja, a própria existência da agência tem estado em perigo desde então, precisando provar a que veio para continuar existindo, uma vez que o Congresso tem a última palavra sobre sua continuidade ou dissolução.
55. Ver G. Yúdice, "The Privatization of Culture", texto apresentado à University of Kansas, Lawrence, nov. 1997, p. 2.

Quanto ao primeiro fundamento, Yúdice assinala que os Estados Unidos são orgulhosos de não ter uma política cultural (no sentido de dizer que o governo não dirige a cultura). E que, durante muito tempo, *cultural policy*, em termos de governo federal, foi algo que dizia respeito somente à política externa, e não à arena doméstica. Era algo que, desde 1938, com a criação de uma Divisão de Relações Culturais no Departamento de Estado, se destinava ao estrangeiro, e que tendia a restringir-se às artes cênicas e visuais, cuja exibição fora do país o governo apoiava como um dos meios de granjear simpatia estrangeira numa situação de iminência de guerra. Foi apenas duas décadas depois que se começou a pensar em política cultural no âmbito doméstico. Quanto ao segundo fundamento – promovido pela Unesco –, citam-se sua preocupação de ordem preservacionista da cultura (definida em termos antropológicos, muito próxima de "desenvolvimento de comunidade"), e as críticas que esse organismo orquestrou aos Estados Unidos, uma vez que condenava sua indústria cultural pela propagação de valores que ameaçavam a identidade nacional de muitos países pelo mundo afora. Como se sabe, diante dessas críticas, os Estados Unidos romperam relações com a Unesco, no início dos anos 1980. Quanto ao terceiro, os *cultural studies*, sabe-se o quanto eles ajudaram a impor o multiculturalismo como valor dentro do mundo acadêmico norte-americano.

Por isso, compara Wallach, na introdução de *The Politics of Culture*, a ideia do artista solitário, envolvido na criação de algo superior à cultura de massa – noção tão presente e tão central na inspiração das políticas culturais da era Kennedy –, cedeu lugar, 35 anos depois, a uma visão que glorifica o artista envolvido com a sua comunidade, fiel à sua identidade grupal, e entende a produção cultural como algo que envolve uma imensa rede, "com associações sem fins lucrativos, grupos de artistas amadores, universidades, organizações de preservação do patrimônio e de emissão de rádio e TV – e uma parte das indústrias culturais"[56]. Por outro lado, continua o autor, além da Unesco, outras entidades internacionais, como o Banco Mundial, entraram na discussão, propondo paradigmas de desenvolvimento que envolvem a dimensão cultural. Uma questão como a dos direitos autorais, que antes opunha o artista solitário, e muitas vezes indefeso, às editoras, gravadoras e estações de rádio e TV, hoje envolve ou-

56. Ver G. Bradford, M. Gary & G. Wallach (eds.), *The Politics of Culture...*, p. 8.

tros atores e cifras altíssimas, na medida em que direitos autorais se converteram em bandeira dos gigantes da indústria cultural, afetados em seus lucros pela "pirataria" que a globalização e a deslocalização industrial incrementam pelo mundo.

Nessa mesma antologia, outra análise interessante é a feita por John Kreidler. Ele divide a história do sistema de financiamento às artes nos Estados Unidos em três períodos: antes, durante e depois da "era Ford", ou seja, da entrada da Fundação Ford no fomento às artes, em 1957[57].

Essa fundação, uma das grandes, de alcance nacional e internacional, teve enorme papel na construção do "ecossistema" artístico centrado em organizações não lucrativas (*nonprofit organizations*). Durante mais de três décadas, até o momento em que os cortes de dotação do governo federal, provocados pelas "guerras culturais", desencadearam um efeito mais geral de contração[58]; a "era Ford" foi de crescimento contínuo e de otimismo no campo artístico.

Embora essa periodização sirva para delimitar uma fase de prosperidade em que as organizações não lucrativas, no espaço artístico, puderam crescer e multiplicar-se, o argumento de Kreidler envolve muito mais do que a constatação de um apoio material indispensável.

> O componente de alavancagem da estratégia da Fundação Ford foi brilhantemente sucedido. Enquanto apenas umas poucas fundações entraram no âmago da filantropia às artes antes da "era Ford" (notadamente as fundações Carnegie, Rockefeller e Mellon), hoje há uma proliferação de fundações, corporações e agências governamentais apoiando as artes, muitas das quais, explícita ou implicitamente, endossando as propostas da Fundação Ford para o avanço institucional e para um mais elevado patamar de financiamento às artes. A evolução deste sistema de financiamento, essencialmente pluralista, não tem precedente nos Estados Unidos ou em outra nação

57. J. Kreidler, "Leverage Lost: Evolution in the Nonprofit Arts Ecosystem", em G. Bradford, M. Gary & G. Wallach (eds.), *The Politics of Culture...*
58. Presume-se que o questionamento da agência federal (NEA) pelo Congresso Americano, a partir de 1989, televisionado e comentado na imprensa, teve o efeito negativo de desacreditar as artes perante a opinião pública, ajudando a contrair os gastos estaduais e municipais; "muitos dirigentes de organizações não lucrativas temem que, continuando os cortes de orçamento por todo o país, muitos dos patronos decidam desviar seu dinheiro para 'causas mais meritórias' do que as artes, para compensar cortes de orçamento público também em outras áreas". Ver D. Adams *et al.*, *Determinants of State Government Funding of the Arts in the United States*, New York, Wagner Graduate School of Public Service/New York University, 1996 (mimeo).

desenvolvida. E mesmo hoje em dia, esse sistema de financiamento institucional, que junta várias centenas de fundações, empresas e agências de governo, continua único no mundo[59].

Assim, o que a Fundação Ford de fato fez foi criar uma espécie de "bolsão" artístico protegido do mercado pela lógica do *nonprofit*, o que, por sua vez, se beneficiou de certo ethos *anti-business* em voga durante os anos 1960 e 1970[60].

A tese mais geral de Kreidler é que as décadas de 1960 e 1970 foram particularmente favoráveis às artes nos Estados Unidos. A economia norte-americana estava próspera, o tempo de lazer era maior do que nunca, o custo de vida, baixo, e havia tal abundância de emprego para as classes médias que um jovem poderia facilmente tornar-se escritor, curador de museu, dançarino ou técnico de iluminação, mesmo que sobrevivendo à custa de algum emprego não artístico. O ensino de artes na universidade (*liberal arts education*) também se expandia muito, fator que é de suma importância para inculcar em alguém um hábito duradouro, capaz de aumentar sua probabilidade de visitar museu, sala de concerto ou outro recinto de arte erudita.

Pairava no ar um clima de valorização da transgressão (*free speech, free love, free art*) e havia muita gente disposta a um elevado sacrifício de renda pessoal (*discounted wages*) para permanecer numa ocupação artística. Citando uma pesquisa da Universidade de Maryland, Kreidler assegura que a população de artistas nos Estados Unidos cresceu quase a metade (48%, ou 323 mil pessoas) entre 1970 e 1980, enquanto seus ganhos no mesmo período caíram 37%.

A medida do *discounted wage* seria a diferença entre o que ganha, em média, o artista e o que ganha, em média, alguém em outra atividade, mas com grau equivalente de qualificação, geralmente medido em anos de escolaridade. Segundo estudos disponíveis, essa renda estaria em torno de sete mil dólares anuais (diferença entre os 24 mil ganhos pelos artistas e os 31 mil ganhos por profissionais de nível universitário). A rigor, devia-se acrescentar à renda sacrificada a renda ganha "com sacrifício", pois nada menos de três quartos daqueles 24 mil dólares vinham de ocupações fora da área artística (ou seja, de profissões ditas "alimentares").

59. J. Kreidler, "Leverage Lost...", *op. cit.*, p. 152.
60. *Idem*, p. 156.

Para Kreidler, na fase "pós-Ford Foundation", a tendência à estagnação das dotações para o sistema artístico *nonprofit* é manifesta. As artes caem de 13,3% para 12,2% no orçamento das fundações, sendo esta última a menor parcela ao longo os anos 1980 e 1990. A situação financeira das fundações não explica isso, pois houve recuperação econômica e bons resultados do mercado de ações (em que se apoia a receita das fundações)[61]. A causa estaria, segundo ele, numa redução do apelo que as artes mantinham durante a "era Ford", levando, inclusive, à impossibilidade de repor os mesmos níveis de *discounted wage* da época. A saída do mercado daqueles profissionais que entraram durante a época dourada não teria sido acompanhada por equivalente nível de disponibilidade por parte dos jovens. Estes cada vez procuram menos as *liberal arts* como opção, e aqueles que aí se diplomam têm mais ambição de ganho do que seus colegas da geração anterior. Todavia, essa queda apresenta resultados ainda mais negativos, pois a redução de público nas *liberal arts* deprime, a médio e longo prazos, o universo de consumidores de artes eruditas. Tal reversão de expectativas não estaria somente afetando a área artística, mas também "outros campos das instituições sem fins lucrativos, como meio ambiente, serviço social, educação, que se ampliaram rapidamente em resposta à expansão do *discounted labor* e do financiamento institucional entre 1960-90, e que podem agora experimentar queda similar"[62].

A análise de Kreidler chama a atenção para o trabalho das fundações americanas na área cultural. Elas são tantas e tão diversas em tamanho, recursos, pessoal técnico, alcance geográfico e objetivos que qualquer generalização é altamente perigosa. Segundo o organismo responsável por acompanhar o desempenho e as tendências de todas as fundações – o Foundation Center, em Nova York –, existe um total aproximado de cinquenta mil fundações[63] no país. Das mil mais importantes, e que são observadas mais de perto pela pesquisa Grants Index, cerca de 85% tinham, em 1996,

61. *Idem*, p. 160.
62. *Idem*, p. 164.
63. Nos EUA, "fundação é uma organização não governamental e sem fins lucrativos, tendo seus próprios meios de financiamento, administrados por seus próprios dirigentes, e que se propõe a ajudar iniciativas caritativas, educacionais, religiosas ou de qualquer outra natureza, desde que do interesse coletivo, primordialmente através da concessão de recursos financeiros para outras organizações sem fins lucrativos". Ver L. Renz, "The Role of Foundations in Funding the Arts", *The Journal of Arts Management, Law, and Society*, vol. 24, n. 1, pp. 57-66, 1994.

algum programa na área cultural. A média do que elas dedicam a essa área é 12,2%, e apenas um quarto delas dedica mais de um quarto de seus recursos às artes[64]. Mas, de maneira geral, lê-se em um artigo escrito pela diretora de pesquisa do Foundation Center que as fundações norte-americanas, na rubrica artes, cobriam sobretudo gastos de capital – construções e reformas –, ficando o custeio a cargo de outras fontes[65].

A pesquisa do Foundation Center que acaba de ser citada sondou, por meio de entrevistas, um grupo de 35 fundações, distribuídas pelos vários tipos (fundações independentes, de família, corporativas, comunitárias[66] e públicas), magnitude de fundos, área de interesse e região do país, com vistas a sentir os modos como seus dirigentes percebiam as mudanças em curso no meio artístico, no sistema de apoio às artes, em seus próprios interesses e estratégias e nas opções que eles identificavam em todos esses níveis. Os resultados revelam muito bem o grau de articulação com que trabalham essas fundações, muitas das quais mantêm programas de longo prazo. Eles mostram que entre as grandes preocupações estão a sustentabilidade (*sustainability*) das entidades que eles financiam[67], e, por generalização, do meio artístico, e à capacidade de responder à ajuda recebida em termos de prestação de contas (*accountability*) e de identificação clara de resultados (*outcomes*), de modo a ampliar o que as fundações sabem sobre

64. Ver L. Renz, C. Atlas & J. Kendzior, *Arts Funding 2000. Funder Perspectives on Current and Future Trends*, New York, The Foundation Center, 1999.
65. Ver L. Renz, "The Role of Foundations in Funding the Arts", *op. cit.*, p. 61.
66. Fundação comunitária é aquela que reúne participantes de uma mesma localidade e tem um horizonte de ação definido por ela. Não envolve vínculo com o governo local.
67. Esse objetivo leva algumas fundações a valorizar os artistas e instituições que operam com várias fontes de financiamento, e não apenas uma. De todo modo, como lembra Loren Renz, as fundações americanas preferem fornecer recursos para grandes organizações, e não para artistas individuais. "Fundos públicos são amplamente competitivos, oferecendo abertura para os grupos menores, mais diversificados e instáveis. Em oposição, os programas de financiamento das fundações, com notáveis exceções, são altamente seletivos e raramente competitivos, contemplando instituições estáveis, geralmente com alguma ligação com o patrono ou com os administradores das fundações. Segue-se que cortes no apoio governamental tendem a penalizar mais duramente instituições fora dos padrões dominantes, que, exatamente por não terem acesso às fundações, têm menos probabilidade de encontrar a compensação necessária" (L. Renz, "The Role of Foundations in Funding the Arts", *op. cit.*, p. 61). Um texto coletivo, subscrito por conhecidos administradores culturais norte-americanos, sustenta que "na prática [...] a conquista de fundos de uma instituição pública constitui, para uma organização artística, um endosso que é quase uma precondição necessária para ter acesso a fundos privados. Daí que a importância dos dólares do governo vão muito além das somas envolvidas" (D. Pankratz & V. Morris (eds.), *The Future of the Arts...*, p. 272).

a área artística. Eles também se preocupavam com a visão estratégica (*strategic focus*) de seus financiados, objetivo que exigia pensar "holisticamente" e olhar os efeitos sinérgicos entre áreas; ambicionavam poder conceder financiamento integrado (*integrated funding*), apoiando muitas vezes programas que contrariavam classificações estabelecidas e mesmo transcendiam o campo artístico para invadir o educacional, o ambiental e o desenvolvimento comunitário. Aliás, este último conceito tem bastante prestígio entre as fundações que financiam artes, pois o surto multiculturalista que marca o campo cultural norte-americano confere muita importância às artes como geradoras de solidariedade. Por isso, tais fundações começaram a contratar antropólogos, sociólogos e demógrafos, às vezes filósofos e organizadores de comunidade, para poder basear suas decisões num cálculo mais objetivo do impacto de seus financiamentos sobre o meio artístico e sobre a vida social nos bairros ou regiões por elas atingidos. Muitos patronos reconhecem que o setor artístico é mais importante quando conectado com o sistema social, em âmbito comunitário. Às vezes, o assessor é convidado para ajudar a perceber melhor o âmago da cultura popular e sentir se os projetos o contemplam ou não. Isso é, afinal, apenas uma das expressões das novas justificativas sociais das artes, segundo arrola Yúdice com bom humor:

> [...] as artes e o setor cultural agora estão sendo chamados a ajudar a resolver os problemas da nação: melhorar a educação, abrandar a luta racial, reverter a deterioração urbana através do turismo cultural, criar empregos, até mesmo reduzir a criminalidade. Tal reorientação tem contado com o apoio dos administradores culturais[68].

Para atingir esses objetivos, é fundamental que os consultores mantenham estreito contato com artistas e a comunidade; é desejável que também tenham sensibilidade para sentir as preferências e padrões de gosto e consumo cultural. Ou seja, que conheçam "oferta" e "procura" e possam traduzir isso para as fundações que os contratam. "Os financiadores estão mudando a perspectiva, passando de uma ênfase no lado da oferta para uma atenção maior ao lado da demanda"[69].

O relatório também conta como os *grantmakers* usam a linguagem dos negócios, em particular do *marketing*, para avaliar programas e propostas:

68. G. Yúdice "The Privatization of Culture", *op. cit.*, p. 5.
69. *Idem*, p. 25.

"vantagens comparativas", "nicho", "valor adicionado", "alavancagem" etc. E também aponta que as fundações são cuidadosas em não definir seus programas em função daquilo que o governo deixa de fazer, porque isso acaba envolvendo questões de legitimidade política. A Pew Charitable Trusts, da Pensilvânia, vai ainda mais longe e mobiliza centros de pesquisa, *think tanks*, independentes e outros parceiros estratégicos para construir cenários futuros do campo artístico norte-americano e fazer o balanço das pesquisas disponíveis sobre suas múltiplas facetas, dentro do objetivo de intervir no próprio processo de elaboração, avaliação e crítica de políticas culturais[70]. Nos casos em que fusões e incorporações juntam empresas que mantêm fundações com linhas de apoio às artes, então um lapso é necessário para que técnicos e dirigentes se descubram e sintonizem, até definir "a cara" da nova fundação.

Tomando outro braço do financiamento privado à cultura nos Estados Unidos, cabe mencionar os gastos das empresas em cultura como parte de suas despesas com *marketing* e relações públicas. Esse tipo de financiamento institucionalizou-se quando David Rockefeller criou o Business Committee for the Arts (BCA), para ajudar a aproximar empresas e cultura. No primeiro ano de seu funcionamento, 1967, o BCA registrou 22 milhões de dólares de contribuições empresariais; trinta anos depois, em 1997, essa importância crescera mais de cinquenta vezes, atingindo 1,16 bilhão de dólares. Em um boletim que traz os resultados do National Survey Business Support to the Arts – 1998, o BCA comemorou o fato de que dois terços desse total provieram de, aproximadamente, quatrocentas mil pequenas e médias empresas (isto é, com faturamento de um a cinquenta milhões de dólares anuais), o que dava uma contribuição média, também aproximada, de três mil dólares cada. Como o total de empresas existentes no país nessas dimensões era de 991 mil, pode-se dizer que a parcela das empresas que gastaram em artes em 1997 corresponde a quase quatro em cada dez empresas existentes. Invertendo o raciocínio, o BCA observou que havia ainda enorme potencial de crescimento, uma vez que as outras seis empresas constituem um mercado ainda a conquistar.

As empresas norte-americanas em geral[71] gastaram com causas filantrópicas o total de 4,9 bilhões de dólares, e o percentual orientado para

70. *Idem*, p. 17.
71. Aí confundidas todas aquelas com, no mínimo, um milhão de dólares de faturamento anual.

as artes, em 1997, foi de 24%, razoavelmente acima dos 19% registrados em 1994, o que mostra aumento no interesse por esse tipo de dispêndio promocional.

O mais interessante a notar é que a quase totalidade (92%) das manifestações artísticas financiadas foi de caráter local, ganhando destaque nas justificativas dos patrocínios a necessidade de apoiar as comunidades onde as corporações têm seus negócios. Ou seja, também no domínio das estratégias corporativas em *marketing* cultural, a orientação comunitária parece prevalecer, semelhante ao que se viu logo acima quando se analisou a estratégia das fundações. Registre-se também que o BCA está procurando criar um *think tank* destinado a explorar novas ideias e desenvolver novas ligações entre negócios, artes e educação superior. E que, por outro lado, através de outro programa, oferece auxílio para as empresas localizarem manifestações de criatividade entre seus empregados e encorajá-los a exibi-las.

6.5. Observações Finais

Apesar de ter uma história curta no conjunto das políticas públicas (algo como cinco ou seis décadas, ou, seguramente, só após a Segunda Guerra Mundial), as políticas culturais dos países desenvolvidos já proporcionam um conhecimento que comporta comparações internacionais, visões retrospectivas que identificam etapas e, até mesmo, prospecções ou construção de cenários prováveis[72]. As principais clivagens de ideologia política e econômica e de modelos de capitalismo que marcaram a história mundial na segunda metade do século XX aparecem nos valores invocados para justificar esta ou aquela diretriz de política cultural. Como, por exemplo, a crítica dos totalitarismos nazifascista e comunista e a defesa de um Estado que não deve converter cultura em propaganda; a descolonização do "Terceiro Mundo" (1950-1970) e a afirmação do princípio do multiculturalismo como forma de confronto da hegemonia das nações europeias e, implicitamente, da cultura de suas classes dominantes, por parte das novas nações na África e na Ásia; o surto neoliberal pós-1980 e suas consequências se-

72. É o caso da iniciativa do Ministério da Cultura da França que, associado a um instituto de elaboração de cenários institucionais (Futuribles), levou à publicação, em 2011, do livro *Culture & Medias 2030. Prospective de Politiques Culturelles.*

toriais: a reivindicação de racionalidade e eficiência da gestão privada e as múltiplas frentes de fortalecimento da grande corporação na área cultural (mecenato e patrocínio corporativo, *marketing* cultural, fundações privadas geridas por gente com formação gerencial (*trustees*) e que, às vezes, apoiam grupos de estudo (*think tanks*) para pensar cenários prováveis da participação do governo na área cultural); a subordinação das novas tecnologias da informação e da comunicação à lógica mercantil em expansão pelo mundo globalizado; as demandas por transparência na ação governamental e a preocupação com a melhoria do acesso, ou aumento do tamanho dos públicos atingidos pelo dispêndio público em cultura; a busca de alternativas econômicas a localidades e regiões ameaçadas pela desindustrialização e as propostas de ocupação cultural; a luta política ideológica no interior do espaço universitário e o ensino e pesquisa da cultura de grupos sociais discriminados.

Este esforço de síntese buscou articular transformações políticas e econômicas de grande alcance, ao longo da segunda metade do século XX, a fim de desenhar a moldura em que ganham sentido as diretrizes e ações de governo, de organizações filantrópicas, de fundações e de corporações mercantis na esfera da gestão cultural. A bibliografia aqui utilizada é praticamente toda proveniente do restrito grupo de países desenvolvidos e diz respeito à realidade deles.

A virada do milênio passou faz mais de uma década, e alguém poderia arguir que os dados perderam atualidade. Mas o que se ofereceu neste texto não foram dados, pura e simplesmente, foram interpretações fundadas em muita teoria, traduzida em pesquisa e experiência de gestão. Como no Brasil continua a se conhecer muito pouco das políticas públicas praticadas em países avançados, a síntese oferecida com toda certeza será muito útil a quem queira se aprofundar no conhecimento das políticas culturais.

Parte 2. ECONOMIA DA CULTURA

1

Sugestões para o Cultivo e a Difusão da Economia da Cultura no Brasil*

1.1. Introdução

Quando se começou a falar de economia da cultura no Brasil, na década de 1990, o conceito foi usado por um bom tempo, inadvertidamente, de forma restrita e equivocada.

Restrita porque, tendo aparecido como que a reboque do relançamento da lei federal de incentivo fiscal à cultura pelo ministro Rouanet, em 1991, costumava ser reduzida a tema de debate e especulação acerca dos montantes da captação e de seu impacto na viabilização de projetos e no *marketing* das empresas. E isso quando não se limitava ao puro e simples bê-á-bá de seu manejo por parte de artistas, produtores e patrocinadores. Equivocada porque se imaginava, de modo um tanto fantasista, que, calculando-se o "PNB" da cultura, iriam aparecer números tão impressionantes que o interesse empresarial por investir na área despontaria instantâneo e vigoroso.

Aliás, quando a renúncia fiscal começou a ser aplicada à cultura, ela já tinha quase meio século de tradição na agricultura, na indústria e no desenvolvimento regional. Muitos economistas achavam que, não importando o setor, a renúncia fiscal devia ter prazo determinado de vigência, entendendo que, se, durante certo tempo, ela não atraísse de fato capital

* Contribuição apresentada ao Seminário Internacional em Economia da Cultura (mesa 1: O Poder Público e a Economia da Cultura), Fundação Joaquim Nabuco e parceiros. Recife, 16-20 de julho de 2007.

realmente privado e energia empresarial para uma região ou setor qualquer de atividades, não deveria continuar.

Mas, para o meio da cultura tudo era novo, e suas percepções sobre o impacto dos incentivos obviamente alimentavam-se dos entusiasmos neoliberais em alta na década e tiveram resultados positivos e negativos que não cabe analisar aqui. Mas a realidade acabou impondo a consciência de que o desenvolvimento da economia da cultura, na amplitude teórica e empírica que ela tem nos países avançados, exigia que se começasse por criar uma adequada infraestrutura de informação.

Nesse sentido, os convênios do MinC (Ministério da Cultura) com o IBGE (Instituto de Brasileiro de Geografia e Estatística) e com o Ipea (Instituto de Pesquisa Econômica Aplicada), a partir de 2004, foram de fundamental importância. De modo criterioso e consequente, começaram a ser integrados muitos indicadores provenientes de vários levantamentos e recenseamentos, publicando-se dados acerca de equipamentos culturais domiciliares, dispêndio familiar em cultura, gastos dos três níveis de governo, entre outros, como se pode hoje constatar nos *sites* do MinC e das organizações parceiras.

Os indicadores também foram calibrados para permitir desagregações e a indispensável comparabilidade internacional dos dados. Enfim, construíram-se bases de informação quantitativa e de acesso público, cuja utilidade plena só se mostrará quando se fizerem possíveis séries temporais, permitidas pela repetição de levantamentos. E, em particular, quando puderem ser de fato levadas em conta em decisões de política cultural[1]. Por seu turno, o Ipea ofereceu uma visão detalhada das fontes de recursos do MinC e das

1. Nem a mais completa e impecável das pesquisas fala por si ou decide por outrem. Sua utilidade, como fonte útil à formulação e avaliação de políticas públicas, depende de quais questões pertinentes lhes sejam colocadas. Conta-se o caso de um alto dirigente da Secretaria de Cultura, no MEC, aí pela década de 1970, que, recém-empossado, aspirava a uma visão tão completa e pormenorizada de "todas" as carências culturais brasileiras "do Oiapoque ao Chuí", como condição prévia para tomar decisões, que perdeu o posto antes de dar o primeiro passo. Outro caso, que também não é pilhéria: a Secretaria de Cultura do Estado de São Paulo realizou em 1999-2000, em convênio com a Fundação Seade, um exaustivo mapeamento de equipamentos culturais nos quase 600 municípios paulistas. Tal estudo, depois de publicado, tinha a extensão de uma pequena enciclopédia (sete volumes e mais de três mil páginas). Apesar de atualizada em 2003, não se tem nenhuma notícia de que tal fonte tenha servido, direta ou indiretamente, para qualquer decisão técnica ou administrativa da secretaria contratante.

áreas e programas que pretendia cobrir, mapeou o mercado de trabalho e a oferta de equipamentos culturais, entre outras pesquisas.

Mas a pavimentação de terreno até agora feita pode ser reforçada, e, sem dúvida, este Seminário Internacional é uma ocasião especial isso. No intuito de colaborar com um enfoque que ajude a pensar como dar força à capacidade descritiva, ao poder explicativo e à aplicabilidade de resultados da economia da cultura, oferecem-se aqui análise e sugestões organizadas em três focos: o teórico-empírico, o da política cultural e o da difusão do conhecimento.

Os seguintes conceitos terão destaque na análise:

- mercado como opressivo ou emancipador;
- mercado como socialmente construído;
- criatividade como processo;
- patrimônio vivo;
- hibridez cultural;
- poder de chancela;
- crítica de cultura como genética, compreensiva e situacional;
- distritos econômico-culturais.

1.2. O Foco Teórico-empírico

Como ciência empírica, a economia constrói conceitos e modelos que explicam variações concomitantes ou sucessivas entre fenômenos. Os comportamentos de produtores e consumidores são pensados como racionais dentro de premissas relativas a interesses individuais. Em suma, a ciência econômica trabalha com causalidades e interdependências. Como isso não é o forte do meio artístico, orientado que está para a captação de expressões estéticas tidas por únicas e desinteressadas, a chegada da ciência econômica à cultura introduz um estilo de pensamento novo e desafiador. Admite-se que ela tenha assim consequências mais amplas do que as encomendas que lhe são feitas de calcular os principais números do setor (pessoal ocupado, custeio e investimento etc.).

A análise a seguir tenta mostrar quanto a economia, recém-introduzida na área cultural no Brasil, poderá ganhar com uma perspectiva interdisciplinar, construída a partir da sociologia. Para que o termo "interdisciplinar" não seja usado em vão, como simples retórica de boa vontade científica, convém esmiuçar focos e fronteiras.

Dois são os domínios da sociologia que podem ter muita utilidade para a economia da cultura. A sociologia econômica e a sociologia da cultura[2]. A primeira torna mais permeáveis e inteligíveis as fronteiras entre o econômico e o simbólico. Ela alerta para o fato elementar, mas crucial, de que a instituição mercado não deve ser tomada como uma categoria mágica e abstrata; uma instância que possa ser considerada em princípio como opressiva ou emancipadora, dependendo da orientação de valor de quem analisa. Muito ao contrário, é preciso mostrar como cada mercado de bens e serviços é socialmente construído e indicar quem são os interessados em fazê-lo passar por uma manifestação da natureza e quais estratégias políticas e simbólicas eles empregam para se impor[3].

É preciso ver que o antigo e tradicional, mas prevalecente, predomínio da cultura erudita ("belas-artes")[4] na gestão cultural pública impõe uma visão em que o mercado é tido como opressivo, hostil aos pressupostos e valores da criação estética, carismaticamente entendida. Essa visão é ironicamente reforçada quando a ideologia política das forças no poder as obriga a manter o mercado capitalista o mais possível à distância.

Por sua vez, a visão do mercado como emancipador, típica do neoliberalismo, é acionada na área cultural nomeadamente pela força da grande mídia que, a pretexto de proteger a sociedade contra o dirigismo estatal, tenta exorcizar qualquer avanço da regulação pública em sua esfera ampliada de interesses econômicos e políticos.

Em conclusão, as duas idealizações antagônicas do mercado abstratamente concebido atravancam o avanço da gestão pública da cultura. Não seria exagero dizer que esta precisa saber "dar cotoveladas" para criar seu espaço, e que, sem adequação teórica, pouco ou nada conseguirá.

Para isso, o próximo passo será visitar alguns estudos que têm procurado arejar velhas noções que, deliberada ou inadvertidamente, ainda sobrevivem nas representações sobre cultura e sobre o lugar do Estado em relação a ela. Não se trata aqui de mero ensaísmo, de citação pela citação,

2. Uma terceira seria a sociologia do consumo, em alta na última década, e cuja contribuição não pode ser aqui avaliada, exclusivamente por falta de espaço.
3. Ver P. Steiner, *A Sociologia Econômica*, São Paulo, Atlas, 2006, p. xii.
4. Belas-artes é um conceito envelhecido, mas usado aqui só para simplificar a exposição.

mas sim de procurar obras que realmente ofereçam definições apropriadas ao estabelecimento de recortes mais pertinentes que sejam à melhoria da gestão governamental na área.

Comecemos pela noção de criatividade. Ela é tipicamente empregada na cultura erudita, sob a convenção da arte moderna[5], como a centelha do gênio e como expressão individual na invenção (de *invenire*, "vir de dentro") de formas. Nessa visão, ela é algo imprevisível e irredutível a qualquer condicionante psíquico, social ou econômico. O reconhecimento do que é novo e encerra valor estético só é possível, em primeira instância, a especialistas sensíveis dotados de códigos refinados capazes de tornar públicas suas apreciações por meio de falas e textos. Eles são intérpretes que, no limite, querem ser vistos eles próprios como artistas, capazes de criação estética. Assim, a lógica da cultura erudita (sob a convenção moderna, bem entendido) afirma a soberania e a irredutibilidade do juízo crítico tal como o faz com o artista.

Se a noção de criatividade for transformada e encarada como processo suscetível de se reproduzir segundo uma lógica sequencial[6], se estará praticando um alargamento conceitual considerável. Ele facultará a possibilidade de associar as rupturas no âmbito da invenção de formas, não mais ao gênio do artista individualmente considerado, mas a uma série de circunstâncias e a um conjunto de inovações produtivas e organizativas que envolvem terceiros e são de alcance coletivo. Possibilitará que o fluxo cultural em uma sociedade nacional de grandes dimensões e diversidade, como a brasileira, seja apreendido em mais pormenores e interpretado segundo critérios partilhados de atribuição de valor, discriminando-se tendências.

Outro conceito que pode ser alargado e atualizado é o de patrimônio cultural, que pode ser decomposto em uma parte morta (monumentos, edifícios e objetos) e outra viva (competências artesanais, fazeres, lazeres, festejos e tradições que passam de geração em geração não importa se em meio

5. Ver definição em N. Moureau, "Approche Organisationnelle des Mondes de la Peinture Contemporaine: de la 'Bureaucratie Professionnelle' à 'l'Adhocratie' ", em *Approches Comparatives en Économie de la Culture*, Université de Paris I/InterGroupe de Recherche en Economie de la Culture, 1995, pp. 312-326. A autora mostra ser impossível analisar (inclusive economicamente) as determinações do mundo da arte abstraindo a mudança de lógica quando se passa da arte regida pela academia (arte acadêmica, século XIX) para a arte definida pelo modernismo (século XX).
6. Ver C. Barrère & W. Santagata, *La Mode. Une Économie de la Créativité et du Patrimoine, à L'Heure du Marché*, Paris, La Documentation Française, 2005.

rural ou urbano). Enquanto as diretrizes e meios para o governo atuar sobre o patrimônio morto são claras, o mesmo não se dá com relação ao vivo.

O conceito de hibridez cultural também é estratégico. Em particular, ele chama a atenção para as ocorrências de interpenetração de culturas populares com a erudita. Uma fusão que se deve ao trabalho cotidiano da indústria cultural, sempre à procura de temas e linguagens que possa converter em produtos de audiência ou leitura mais ampla ou mais segmentada.

Poder de chancela é uma noção que, na área cultural, pode ser usada para nomear a credibilidade de uma instância, instituição ou pessoa. Interessa aqui reter que as autoridades públicas de cultura detêm um poder de classificar (e de atribuir prestígio) que pode ou não ser usado, e que será tanto mais legítimo quanto menos a gestão cultural for vista como instrumento de proselitismo político ou a serviço do lucro econômico privado.

Uma definição mais precisa acerca de o que constitui uma crítica de cultura precisa ser aqui introduzida. Um dicionário especializado define a crítica de cultura como genética, compreensiva e situacional, na medida em que procura apreender a origem de determinada obra e situá-la no contexto da linguagem a que pertence (se obra de cinema, teatral, literária etc.) e no âmbito maior do processo cultural geral de uma época e local[7]. Se a crítica aspira a essas três dimensões, então uma boa análise de uma obra de arte deverá mostrar elementos de procedência social diversificada (no tempo e no espaço), determinando, por conseguinte, seu caráter híbrido. Já o conceito de distrito econômico-cultural[8] é uma adaptação do conceito de arranjo produtivo local, incorporando atividades comerciais e de serviços e as manifestações de cultura amadoras ou profissionais, individuais ou associativas e institucionais.

Mas, por que tanto destaque aos conceitos até aqui apresentados[9], se a rigor não constituem tanta novidade na literatura? É que eles podem ser combinados para se localizar algumas dificuldades que já estão sendo en-

7. Ver verbete "crítica de cultura" em T. Coelho, *Dicionário Crítico de Política Cultural*, São Paulo, Iluminuras/Fapesp, 1997, p. 102.

8. Ver C. Barrère & W. Santagata, *La Mode...*; e a entrevista de Sérgio Sá Leitão à revista eletrônica *Carta Maior*, 12 jun. 2007: "Deve-se tratar a economia da cultura no país pensando no seu potencial não realizado". Disponível em: <www.cartamaior.com.br/templates/materiaMostrar.cfm?materia_id...>. Acesso em: 14 abr. 2012.

9. As noções de crítica de cultura compreensiva e situacional e de distritos econômico-culturais serão apresentadas mais adiante.

contradas no projeto em curso de se modernizar a gestão cultural, dotando-a de novos recursos analíticos e de tomada de decisão.

1.3. O Foco da Política Cultural

É corriqueiro apontar-se na gestão pública de cultura no Brasil, para além de sua importância mínima no orçamento de governo, quatro entraves persistentes: *a.* a fragmentação do fomento em um imenso conjunto de projetos sem conexão muito visível uns com os outros[10]; *b.* a desarticulação crônica entre gestão municipal, estadual e federal; *c.* a descontinuidade de prioridades (quando são dadas a conhecer) e programas nas sucessões de governo; e *d.* dificuldades em se entrosar a gestão cultural com outras áreas afins (educação, turismo, ciência e tecnologia etc.)[11].

Assume-se que essas críticas, internas ao meio da cultura, sejam antigas e consensuais, dispensando provas e citações. Elas são aqui mencionadas para ver como podem ser repensadas a partir da óptica econômica que é introduzida no setor público no Brasil de hoje e das prioridades a que ela aponta. Imagina-se que o cenário econômico dentro do qual os economistas brasileiros se aproximam da área cultural possa ser esboçado de modo sumário, como a seguir.

Vive-se em um mundo cuja dinâmica econômica está cada vez mais assentada no setor de serviços. Nesse universo está o Brasil, cuja economia apresenta uma tendência relativa à desindustrialização, com expansão das *commodities* na pauta de exportações. O processo deve ser invertido, mas não se sabe exatamente como, tendo em vista, entre outros, a concorrência internacional; mas parece nítido o consenso de que o país não pode se

10. "Em grande parte dos casos, [ié: a política de eventos (constitui-se de)] ações fragmentárias, desarticuladas, isoladas e sem muita continuidade. Compõe-se de inúmeros festivais, concursos, prêmios e bolsas". Além dela, só haveria uma outra vertente, a de requalificação das instituições permanentes de cultura, esta sim dotada de consistência (significando ao que tudo indica continuidade, inteligibilidade e relevância) que a outra não tem. Ver F. A. Barbosa da Silva, *Política Cultural no Brasil 2002-2006: Acompanhamento e Análise*, Brasília, Ipea, 2007 (col. Cadernos de Políticas Culturais, vols. 2 e 3), vols. 2, p. 163.

11. Com exceção do primeiro, em grau maior ou menor, os demais entraves se verificam também em outras áreas de governo, e certamente em outros países, não havendo espaço aqui para desenvolver o tema.

perpetuar como produtor internacional de *commodities*, sejam elas quais forem.

Se o Brasil deve, ao contrário, fomentar a produção de bens com alto valor agregado, precisa conhecer suas vantagens competitivas, e só pode fazê-lo se conseguir detectar cadeias e arranjos produtivos locais com potencial de crescimento.

A cultura é uma esfera econômica em que há muito potencial a ser realizado. Usando uma tipologia do BNDES (Banco Nacional de Desenvolvimento Econômico e Social), nela coabitam: *a.* cadeias produtivas, *b.* arranjos produtivos locais e *c.* atividades de caráter individual, institucional e associativo. As primeiras são mais visíveis, exigem e comportam empréstimos de maior vulto, são mais talhadas aos investimentos de grande porte a que o Banco se destina. Embora, como diz a chefe de seu Departamento de Economia da Cultura, Luciane Gorgulho, algumas cadeias, como a da música, precisem ser "reinventadas", tamanha a devastação que as novas tecnologias de reprodução de som, e seu uso legal e ilegal[12], introduziram no setor.

Quanto aos arranjos produtivos, tudo indica que é um campo por se explorar, não tendo ainda sido detectadas as sinergias entre agentes passíveis, de uma forma ou de outra, de encontrar o apoio do Banco. Ou seja, cultura está entre outros setores que poderão permitir ao país superar sua "vocação" de produtor de *commodities*. Por sua vez, a aceitar-se o princípio de que "quanto mais um bem é definido temporal e espacialmente, menos o mercado é apto a regular sua produção e consumo"[13], os automatismos de mercado não serão suficientes, exigindo a presença governamental, sendo possível concluir que a necessidade de desenhar distritos econômico-culturais[14] se impõe no curto e médio prazo.

Para essa tarefa, o caminho já trilhado pelo Sebrae (Serviço de Apoio às Micro e Pequenas Empresas) representa, pelo menos, um ponto de vista

12. O Brasil é o segundo maior mercado de produtos "pirateados", conforme notícia "Lançada Oficialmente a Feira Música Brasil 2007, Promovida pelo Ministério da Cultura e BNDES", 19 jan. 2007. Disponível em: <www.bndes.gov.br/noticias/2007/not014_07.asp>. Acesso em: 29 jun. 2007.

13. Ver C. Barrère & W. Santagata, *La Mode...*, p. 29.

14. Distrito econômico-cultural é um espaço produtivo, comercial ou de serviços no qual os produtores estão unidos por proximidade espacial e intercâmbio simbólico. Econômico-cultural é conceito preferível a industrial-cultural, pois a parcela da cultura que está na esfera industrial é pequena, em torno de 15%.

conceitual. Em seu *site*, se encontra a seguinte definição de arranjo produtivo local (APL), que vale a pena transcrever:

> APL são aglomerações de empresas localizadas em um mesmo território, que apresentam especialização produtiva e mantêm algum vínculo de articulação, interação, cooperação e aprendizagem entre si e com outros atores locais, tais como governo, associações empresariais, instituições de crédito, ensino e pesquisa. Um APL é caracterizado pela existência da aglomeração de um número significativo de empresas que atuam em torno de uma atividade produtiva principal. Para isso, é preciso considerar a dinâmica do território em que essas empresas estão inseridas, tendo em vista o número de postos de trabalho, faturamento, mercado, potencial de crescimento, diversificação, entre outros aspectos. Por isso, a noção de território é fundamental para a atuação em APLs. No entanto, a ideia de território não se resume apenas à sua dimensão material ou concreta. Território é um campo de forças, uma teia ou rede de relações sociais que se projetam em um determinado espaço. Nesse sentido, o APL também é um território onde a dimensão constitutiva é econômica por definição, apesar de não se restringir a ela [...][15].

Voltando à categorização do BNDES, exposta anteriormente, falta mencionar a última esfera em que, do ponto de vista econômico, se subdivide o cultural: as atividades de caráter individual, institucional e associativo. O BNDES parece não localizar aí nenhuma prioridade. Mas, observando as críticas sobre a fragmentação da ação governamental, seria válido dizer que se acredita que tais atividades mergulhem inapelavelmente no reino do efêmero, do imponderável e do imensurável. Domínio do "heteróclito", para usar conceito de um relatório do Ipea, no qual o atendimento será, no limite e por decorrência lógica, casuístico e de balcão[16].

As noções de cadeias produtivas e arranjos produtivos locais, agora importadas da macroeconomia do setor público para a cultura, têm o grande mérito de introduzir outro conceito que o meio cultural encontra certa dificuldade de aceitar: interdependência. E isso apesar de se reconhecer que o

15. Disponível em: <www.sebrae.com.br/br/cooperecrescer/arranjosprodutivoslocais.asp>. Acesso em: 15 abr. 2012.
16. O discurso contemporâneo sobre política cultural também reforça outras metas, como de melhorar o acesso às artes e fortalecer identidades, seja a nacional (por oposição àquela imposta pela mídia), e a popular e regional (expressão das classes subalternas em suas diversas minorias, por oposição aos setores dominantes, classes médias e altas). Atualizado nessa diretriz, o MinC, dentro do atual governo, com razão vê aí um objetivo consoante à proposta política mais geral do governo Lula. Mas não é caso aqui de aprofundar o argumento.

MinC ocupa uma posição chave, diz um relatório do Ipea: "apenas os órgãos federais têm recursos, instrumentos de coordenação e de incentivos para indução de ações sistêmicas"[17].

A tentativa de pensar sistemicamente a gestão cultural recoloca o problema de o que pode ser fomentado e o que pode ser regulado pelo governo na área cultural e por quais meios e instrumentos. Sem dúvida, a questão tem sido muito discutida pelo que se lê no *site* do MinC.

Mas, antes de passar adiante, convém fazer um parêntese para uma questão polêmica, que suscita um posicionamento da gestão cultural em sentido estrito: a das relações entre Estado e meios de comunicação. Como diz Venício Lima, respeitado analista da mídia, o poder dos grandes conglomerados no Brasil vai além do tolerável, tomando partes crescentes da função socializadora e de formação de opinião antes desempenhada em instâncias como família, igrejas, escola e grupos de amigos e vizinhos. Uma das funções que ela teria exacerbado, em detrimento de outros atores, especialmente dos partidos políticos, segundo esse autor, é a de "exercer a crítica das políticas públicas"[18].

Como se sabe, a regulação dos meios de comunicação legal e administrativamente está fora da gestão governamental da cultura. Na esfera do Executivo federal, é assunto para o Ministério das Comunicações e o da Justiça. Reconhecendo a fraqueza do Estado na área, corre a pilhéria segundo a qual até hoje não se sabe se no Brasil "a TV é uma concessão do Estado ou o Estado é uma concessão da TV"[19]. Daí se segue a crítica da oligopolização e da propriedade cruzada de meios (jornais, revistas, rádio e TV). E a constatação de quanto é nefasto o reinado absoluto dos políticos na distribuição e exploração das concessões. Mas o que se quer ressaltar aqui é que o poder da mídia não é uma questão central para as autoridades da cultura, mas uma questão que a transcende, e que envolve todas as forças em concorrência na arena política, no Estado e na sociedade civil[20].

17. F. A. Barbosa da Silva, *Política Cultural no Brasil 2002-2006...*, vol. 2, p. 163.
18. V. A. de Lima, *Mídia: Crise Política e Poder no Brasil*, São Paulo, Fundação Perseu Abramo, 2006, p. 56.
19. *Idem*, p. 60.
20. Ver também a excelente antologia originada do Projeto Latino-Americano de Meios de Comunicação e organizada por O. Rincón, *Televisão Pública: do Consumidor ao Cidadão*, São Paulo, Friedrich Ebert Stiftung [Fundação], 2002, especialmente Conclusões, pp. 327 e ss.

Dizer que a crítica política e a regulação da mídia não são atribuições específicas da política cultural pública não significa virar as costas ao que se passa na cultura de massa em sua interseção entre o erudito e o popular. Assim, uma frente de ação ao que parece ainda não trilhada poderia ser a crítica de cultura aplicada à programação ficcional e musical da mídia. Por que ficcional e musical? Porque foge da esfera da autoridade cultural lidar com noticiários, esportes, cultos religiosos e o que mais seja. E no universo da ficção, sem dúvida, a telenovela. Não só ela, evidentemente, mas pelo fato de ser o gênero ficcional com o maior volume de audiência da TV no Brasil. Uma breve consulta ao texto de uma especialista nesse gênero, M. Immacolata Vassallo Lopes, mostra que a telenovela é um bem cultural construído interativamente com o público (através da pesquisa de opinião, que capta fantasias, expectativas, valores) e que não raro recorre à competência narrativa de escritores consagrados na esfera erudita[21].

Uma questão ao que parece jamais posta na discussão de política cultural até o momento é se os críticos de cultura são levados em conta para além de sua participação em júris de premiações, geralmente protegidos pela discrição e sigilo. Se se reconhece que o juízo do crítico acaba integrando a cadeia de valor simbólico de uma obra, se ele é enfim um "cocriador", se é alguém sintonizado com as transformações de uma linguagem, por que não recorrer a ele para ajudar a inferir sentidos no fluxo cotidiano de eventos? Essa questão evoca imediatamente outra: quais são os interesses econômicos e de prestígio dos críticos? Afinal, quem são eles, por exemplo, do ponto de vista profissional? Com base na vivência, e não em números, pode-se ousar imaginar que suas fontes de renda pessoal sejam, na ordem de importância: salário profissional em algum meio de comunicação ou no magistério universitário, e, de modo menos explícito, mas facilmente constatável, fortuna de família, trunfo que vem em geral associado a gosto refinado e à competência estética.

Que elos de lealdade, interesses e inclinações se definem a partir desses traços? Que importância pode ter, nessa hipotética composição de renda pessoal, os cachês oferecidos em algumas premiações? E os ganhos legítimos que o crítico pode obter de empresas que precisam de assessoria para

21. Ver M. I. V. Lopes, "Telenovela Brasileira: uma Narrativa sobre a Nação", *Revista Comunicação & Educação*, n. 26, jan.-abr. 2003.

traçar, executar e avaliar linhas de patrocínio? A propósito, quantas premiações existem no país para cinema, ou teatro, ou artes plásticas? Quantos originais chegam hoje a uma editora, e quantos chegavam dez anos atrás? Que funções desempenham as associações de críticos e que lugar vêm tendo ou podem ter seus membros no desenho de programas e políticas?[22]

Tendo um contato mais próximo com os bolsões de amadorismo[23] (que fogem às estatísticas), e dominando em profundidade o código estético de sua especialidade, tem o crítico uma visão privilegiada da esfera erudita, e de suas pontes com a cultura de massa e com as culturas populares.

Transformar esse potencial em realidade é algo que pode colaborar para que se ultrapasse a visão da função de fomento do governo como fragmentada e sem direção, ajudando a municiá-la com um instrumento capaz de tornar mais visível a percepção das diversidades culturais e das linhas que as estruturam. A hipótese mais geral aqui sustentada é que só um juízo de valor qualificado aplicado ao fluxo cultural poderá melhorar a discussão dos seguintes pontos: *a.* que os produtos da grande mídia são padronizados e que a atitude correta dos gestores culturais é esquecê-la e voltar seus olhos apenas para o erudito e para o popular ainda não submetido ao mercado; *b.* quem afinal decide o que vai ser contemplado pelo patrocínio corporativo? Embora se diga, num juízo superficial, que são os interesses de *marketing*, ligados à imagem da empresa, forçoso é constatar que, se as escolhas dos patrocinadores são quase sempre em favor de nomes consagrados, isso supõe logicamente escolhas que se fazem em um universo restrito de opções, donde supor logicamente um trabalho (passado ou presente) da crítica profissional.

Só os críticos e especialistas são capazes de discriminar valor cultural[24]. Assim, eles estão talhados para construir cenários qualitativos do fluxo

22. Para análise do sentimento de fraqueza e da nostalgia dos críticos de arte, ver "Crítica de Arte: Cômoda Irresponsabilidade e Missão não Cumprida", nesta antologia, cf. pp. 79-83.
23. Os bolsões de amadorismo não são conhecidos, mas estão diluídos no setor informal da cultura no Brasil, estimado pelo Ipea como equivalente a 40% do setor formal. Ver F. A. Barbosa da Silva, *Política Cultural no Brasil 2002-2006...*, vol. 3, p. 20.
24. Segundo Throsby, valor cultural é conceito compósito, que implica ao menos cinco valores distintos: estético (beleza, estilo, harmonia), espiritual (ligado a um mito ou a um ritual), histórico (emblema de uma época passada), simbólico (sedimento de signos e significações) e de autenticidade (é uma peça única e original). Ver D. Throsby apud C. Barrère & W. Santagata, *La Mode...*, p. 45.

cultural. Enfim, cenários que obviamente devem combinar pluralismo, abrangência, profundidade e sensibilidade às segmentações impostas pelas novas linguagens e à hibridação. Mas, para isso, indispensável será que eles partilhem dos modernos conceitos de criatividade como processo e de patrimônio vivo, e os queiram colocar a serviço do interesse coletivo com a mediação do poder de chancela das autoridades culturais, desde que encarem seu papel como o de fazer uma análise, como dito anteriormente, compreensiva e situacional, procurando compreender a gênese de determinada obra e situá-la no contexto da linguagem a que tal obra pertence (cinema, teatro, literatura etc.), e no âmbito maior do processo cultural geral de uma época e local[25]. Atentando para os níveis que a definição abrange, temos que a crítica de cultura se realiza em três momentos ou níveis de abstração: *a.* a procura da origem da obra, ou visada histórica (gênese); *b.* sua contextualização no espaço de linguagem em que se encerra; *c.* o entendimento do modo como determinada linguagem se inscreve no âmbito mais amplo do fluxo cultural; e *d.* o entendimento do processo cultural como pano de fundo, *vis-à-vis* outros processos a que está associado. Para usar o jargão econômico, a sugestão seria de que as políticas públicas "internalizassem" a crítica de cultura na avaliação das políticas culturais, o que pode ser feito perfeitamente sem ameaça nenhuma de dirigismo.

Até uns vinte anos atrás, um brasileiro com um interesse mínimo em artes se extasiava quando chegava a Paris e podia comprar em qualquer banca de jornal o *Pariscope* e se deparar com uma oferta cultural impensável para o Brasil. Hoje as coisas são diferentes, e pelo menos duas metrópoles, Rio e São Paulo, dispõem de cadernos de entretenimento tão extensos quanto os parisienses.

Atente-se, pois, ao potencial de informação que eles contêm acerca de obras, linguagens e o processo cultural geral (para empregar novamente os conceitos do *Dicionário Crítico de Política Cultural*[26]).

São espaços de mídia que, em geral, não só anunciam como qualificam a oferta cultural. Isso é feito por meio de *rankings* que são resultado de avaliações individuais ou coletivas de jornalistas da casa (jornal, revista, canal de rádio e TV) ou de fora. Eles podem operar anonimamente ou não

25. Ver nota 7.
26. T. Coelho, *Dicionário Crítico de Política Cultural*, São Paulo, Iluminuras; Fapesp, 1997.

(a crítica de cinema do jornal *Folha de S. Paulo* põe as "estrelas" conferidas individualmente por um grupo de cinco críticos a cada filme que estreia).

Por esses *rankings*, pode se ter uma ideia da oferta cultural para algumas metrópoles. Para a Grande São Paulo, um exame simultâneo (mas sem repetições ou superposições) de três cadernos de entretenimento (os dos jornais *O Estado de S. Paulo* e a *Folha de S. Paulo*, e o da revista *Veja – Veja São Paulo*), para a última semana de junho de 2007), dá conta que se ofereciam 102 filmes, 97 peças teatrais (sem contar 23 infantis), 77 *shows*, 44 exposições de arte, onze concertos e oito espetáculos de dança.

Uma vez que se confirmem as intenções do MinC e do IBGE de definir e desenhar distritos econômico-culturais, então se sugere que a força tarefa a ser encarregada também envolva críticos de cultura.

1.4. O Foco da Difusão do Conhecimento

Comece-se com um caso que deu certo. Todos sabem que uma peculiaridade dos Estados Unidos é o grande peso da filantropia privada no apoio a políticas públicas, papel no qual as grandes fundações se destacam[27]. No Brasil, o mecenato privado é muito pouco expressivo. Mas, apesar de tão colossais diferenças entre países e épocas, vale lembrar um caso interessante de atuação bem-sucedida de duas dessas fundações – Carnegie e Rockefeller –, entre 1920 e 1940, nas áreas de museus de arte e bibliotecas públicas norte-americanas.

O *case* foi escrito pelo sociólogo Paul DiMaggio e publicado numa antologia acerca de inovação organizacional[28]. Diz ele que, ao encorajar a criação de associações profissionais e financiar atividades como eventos e publicações, fazendo com que conservadores e bibliotecários trocassem experiências em escala nacional, as referidas fundações ajudaram a deixá-los mais livres do autoritarismo de um patronato local de famílias de elite econômica, muitas vezes provinciano. As consequências foram positivas, os dois grupos se profissionalizaram, aprendendo a pensar e agir de modo

27. Ver J. C. Durand, "Cultura como Objeto de Política Pública", e "Política Cultural na Virada do Milênio: Tendências Internacionais e o Caso dos EUA", nesta antologia, cf. respectivamente pp. 23-36 e 85-119.
28. Ver P. DiMaggio, "Constructing an Organizational Field as a Professional project: US Art Museums, 1920-1940", em W. W. Powell & P. DiMaggio (eds.), *The New Institutionalism in Organizational Analysis*, Chicago, University of Chicago Press, 1991, pp. 267-292.

mais autônomo em relação a seus patrões locais, avançando, segundo ele, para um padrão de trabalho tecnicamente mais satisfatório.

Se não tem a profusão e a riqueza das fundações norte-americanas, pelo menos o Brasil sedia hoje representações nacionais de várias fundações importantes, norte-americanas ou não. Entre elas, há as que apoiam cultura, política cultural, ou mais amplamente políticas sociais e políticas públicas de modo geral. Dispõe também de uma rede de instituições de apoio direto ou indireto à gestão pública em geral e à cultural em particular. São bancos nacionais, estrangeiros ou internacionais, organismos de fomento e cooperação técnica, ONGs, associações e redes de produtores culturais, universidades etc. Uma amostra dessa variedade está no rol de entidades presentes a este evento[29]. Em suma, os setores de governo oficialmente administrando cultura podem contar com várias frentes de parceria para indução de iniciativas que teriam melhor aceitação e sucesso se assinadas por terceiros.

Em se tratando de uma especialidade da economia até hoje quase que confinada a instituições acadêmicas de um restrito grupo de países ricos[30], é preciso considerar até que ponto o ensino de economia, na estrutura universitária brasileira, estará receptivo a essa nova especialidade. Algumas considerações básicas, mencionadas a seguir, são importantes.

O Brasil tem um sistema de ensino superior de dimensões consideráveis, ainda que o percentual de jovens de dezoito a 22 anos nele incluídos seja muito pequeno em relação a outros países em desenvolvimento. O avanço do mercado nessa área é forte, através das universidades privadas. Mas a regulamentação e o controle exercidos pela comunidade educacional e de pesquisa são importantes, o que se pode ver acompanhando o papel de agências como Capes e CNPq, e de ministérios como o da Educação e o da Ciência e Tecnologia.

A área de ciências econômicas, nesse universo, tem números absolutos importantes. Para somente falar da pós-graduação *stricto sensu*[31], são quarenta programas, que, em 2006, titularam trezentos mestres e noven-

29. Sesc, PNUD, UFRGS, Petrobras, Itaú Cultural, Santander Cultural, entre outros.

30. EUA, Canadá, Inglaterra, França, Itália, Espanha, Áustria, Alemanha, Holanda, Finlândia, Noruega, Suécia, Japão, Austrália e Nova Zelândia.

31. Os conceitos de pós-graduação *stricto sensu* e *lato sensu* são muito importantes no Brasil, o *stricto sensu* referindo-se àquela parte em que a regulamentação de governo é de fato decisiva.

ta doutores, além de outros duzentos em modalidades "profissionalizantes"; 29 dos programas estão filiados à Associação de Pós-Graduação e Pesquisa em Economia (Anpec). Essa entidade faz a mediação entre os programas de pós e entre eles e as instâncias de regulação e controle, organizando encontros onde a produção de conhecimento é discutida e os programas são classificados e reclassificados nacionalmente. Verificação feita nesses 29 programas credenciados constatou que em nenhum deles há qualquer disciplina com o nome de Economia da Cultura. O campo está virgem, portanto.

Mas, para evitar ilusões, imagina-se como demorada a implantação da economia da cultura via sua introdução como disciplina em programas de mestrado e doutorado *stricto sensu*. E também como um tema de reflexão e pesquisa com direito a espaço próprio nas reuniões anuais da Anpec, o maior foro de discussão da produção acadêmica de economia do país.

A demora presumida deriva da constatação de uma hegemonia conservadora, na ciência econômica, do que se chama *mainstream*. É a força que impõe a modelagem matemática como padrão inevitável de cientificidade, uma fé profunda na racionalidade instrumental dos agentes, e o mercado visto como redentor em qualquer domínio[32].

Como evitar as barreiras teóricas e ideológicas do *mainstream* da ciência econômica universitária institucionalmente estabelecida, sem simplesmente ficar reforçando o ensino de *marketing* cultural que muitos querem, em boa fé, fazer passar por economia da cultura?[33]

A resposta parece estar em um conjunto de linhas de ação que abreviem a difusão, no Brasil, da economia da cultura já consolidada naqueles países desenvolvidos.

Uma delas é editorial, com o lançamento de coleções e dando-se prioridade aos manuais e antologias de qualidade. O parque instalado de editoras comerciais e/ou universitárias no Brasil tem plenas condições de suprir essa necessidade.

32. Ver M. R. Loureiro, *Os Economistas no Governo: Gestão Econômica e Democracia*, Rio de Janeiro, Fundação Getúlio Vargas, 1997.

33. *Marketing* cultural é construído com base na microeconomia, mas não se confunde com ela, nem enfrenta a mesma problemática que a economia da cultura. Basta comparar duas boas introduções para se ver instantaneamente as diferenças: F. Benhamou, *A Economia da Cultura*, Cotia (SP), Ateliê Editorial, 2007; e F. Colbert, *Le Marketing des Arts et de la Culture*, Boucherville, Québec, Gaëtan Morin, 1993.

Outra delas é o preparo de pesquisadores. Aqui a sugestão é de que se disputem candidatos com potencial na área certa, aquela composta pelo público estudantil que termina graduação e inicia pós-graduação em ciências econômicas. Pode-se supor que haja, nesse meio, certo número de jovens ainda indefinidos quanto a seus interesses e que possam se sensibilizar por uma área nova. Em particular, aquelas moças e rapazes que já na faculdade sempre encontram uma hora vaga para organizar eventos artísticos no centro acadêmico.

Como detectar e mobilizar esse grupo, que está em princípio difuso no país inteiro e no interior de cada *campus* universitário? Através de concursos de monografias orientadas, é a sugestão. Imagina-se que uma competição comece por esclarecer os candidatos onde encontrar uma bibliografia mínima pertinente, onde localizar os dados quantitativos disponíveis para o Brasil e para outros países. Quais são outras especialidades de fronteira da ciência econômica que devem ser observadas e as novas conceituações que essas especialidades oferecem (economia institucional, das convenções etc.). Um bom exemplo a ser citado é o apoio que deu a Fundação Ford, nos idos dos anos 1970, à pesquisa e debate das questões de gênero em sociologia e antropologia, fomentando um concurso anual de monografias, administrado pela Fundação Carlos Chagas, de São Paulo. Em questão de poucos anos, os resultados apareceram: uma satisfatória bibliografia foi montada a respeito do assunto no Brasil, criando-se um novo nicho de pesquisa que depois se institucionalizou nas ciências sociais brasileiras.

Mas as monografias desses concursos não precisam ser exclusivamente de autoria individual. Pode-se pensar em equipes que reúnam, por exemplo, estudantes de economia, de comunicações, de ciências sociais e de administração pública. Se a intenção for de fomentar pesquisas referidas a distritos econômico-culturais, também geógrafos serão bem-vindos. Se o interesse for, por exemplo, cinema, pode-se colocar como requisito a partilha de conhecimentos prévios nessa cadeia industrial específica.

Tal programa não pode ter nas propostas de monografia, ou na realização delas, o seu ponto final. Ao contrário, será importante que se fomente um passo a seguir de contato com algum centro de pesquisa estrangeiro, de modo a tornar o processo mais frutífero. Redes como

Culturelink e Connectcp[34] podem ajudar os administradores desses concursos, e os candidatos selecionados, a escolher para onde será melhor mandar os mais aplicados.

Outra linha de ação facilmente visualizável como prioritária está em oferecer programas de iniciação à economia da cultura dentro de programas em política cultural voltados para técnicos e dirigentes das secretarias municipais e estaduais de cultura. Se esses programas forem desenhados por região, pode ajudar a produzir aquelas sinergias implícitas na definição de distritos econômico-culturais.

Fica concluído aqui um percurso que buscou articular algumas das múltiplas facetas da relação entre Estado, sociedade e cultura. Tal exercício é oferecido como subsídio para uma política pública mais consistente, com o convite a que se revisem alguns conceitos não explicitados e algumas dicotomias categóricas que podem restringir o alcance do pensamento e da ação. Entre eles, a questão do nacional *versus* estrangeiro, do erudito *versus* massivo, do Estado *versus* mercado.

34. Ver os sites <www.culturelink.org> e <www.connectcp.org>.

2

Indicadores Culturais: Para Usar sem Medo*

É muito louvável a iniciativa do MinC (Ministério da Cultura), junto com o IBGE (Instituto de Brasileiro de Geografia e Estatística) e o Ipea (Instituto de Pesquisa Econômica Aplicada), em desenvolver, desde 2004, um rol de indicadores culturais para o Brasil. A partir deles, fica-se sabendo mais acerca do dispêndio familiar e dos equipamentos culturais domiciliares, dos gastos de prefeituras, Estados e União em cultura, entre outras tantas informações quantitativas de fonte governamental, empresarial, associativa e doméstica. Eles mostrarão melhor seu poder descritivo (e, a partir daí, explicativo) não já, mas no futuro, quando comparações temporais forem possíveis. Assim acontece em países avançados e assim também será no Brasil. Aliás, nossos indicadores obedecem a convenções internacionais, viabilizando comparações entre países.

Os especialistas estrangeiros, que vêm sendo convidados ao país nos últimos três ou quatro anos para discutir o assunto, são unânimes em encorajar a entrada do Brasil no círculo das nações em que se pesquisa sistematicamente nessa esfera. Eles também são os primeiros a tranquilizar que a simples existência e análise de indicadores não encerra nenhuma ameaça à expressão artística e à gestão cultural. E mesmo porque os artistas não costumam ligar para números e a administração

* Contribuição ao seminário Indicadores Culturais: Reflexão e Experiências, promovido pelo Itaú Cultural. São Paulo, 12 de novembro de 2007.

pública os usa em geral com muito mais moderação do que os pesquisadores gostariam.

No caso do Brasil, os indicadores começam a ser sistematizados mediante a compilação e combinação de dados provenientes de vários levantamentos (recenseamentos demográficos e econômicos, pesquisas de orçamento domiciliar, entre outros). Quando esse trabalho estiver mais avançado, será possível construir um cenário um pouco mais fidedigno acerca da produção, financiamento, circulação e desfrute da cultura. Com essa moldura, pesquisas com focos mais dirigidos (por exemplo, acerca de livro e literatura, música e disco, patrimônio e turismo etc.) poderão ser feitas com mais segurança. Hipóteses mais precisas poderão ser formuladas nas centenas de estudos que lidam com as artes e que todo ano se fazem nas universidades em vários campos de estudos, como da história, economia, estética, sociologia, administração e comunicações.

Porém, mais importante que seu uso em pesquisas, em si e por si, será sua utilidade como insumo para melhor desenho, acompanhamento e avaliação de projetos e programas de governo na área. Assim como de organizações não governamentais e corporações privadas.

Louvável também a disposição recente do BNDES (Banco Nacional de Desenvolvimento Econômico e Social) de criar uma linha de empréstimos ao setor, alertando para as cadeias ou arranjos produtivos que precisam ser fomentados, ou mesmo "reinventados" (caso da música e do disco, cadeia devastada pela concorrência de novos suportes e pela pirataria). Para melhor ser pensada nessa vertente econômica, dados numéricos confiáveis também são matéria-prima preciosa.

Em vista disso, imagina-se que o circuito composto por gestores culturais, artistas e demais grupos que acompanham a vida artística do país esteja festejando tal progresso. Será?

Doce ilusão. Há um travo que dificulta o entendimento do que sejam tais indicadores e a boa acolhida que se precisa dar a eles, o que anuvia as discussões. Acontece que estatísticas lembram economia, economia lembra lucro econômico, lucro econômico lembra interesse – palavra malquista no meio artístico erudito, onde é vista e sentida como ameaça à autonomia de criação, caminho inelutável para a massificação das artes. Ou, então, lembram burocracia e controle estatal, também preocupantes, pois, afinal, o século XX não conheceu detestáveis surtos de totalitarismo e censura?

Quando essas nuvens toldam as mentes, as resistências emergem. Uns dão de ombros, até sem saber por quê, outros citam críticos e tradições culturais ainda fortes nos meios acadêmicos, para os quais a noção de interesse (qualquer que seja ele) não deve ter lugar nesse domínio. Há os que lembram que não existem estatísticas neutras, mas que elas supõem sempre intenções políticas a conhecer (e, de preferência, a combater). Há os que sustentam a transcendência da obra e seu primado sobre seu próprio criador, sobre o poder político e a burocracia, e sobre o desejo de lucro. O terreno fica minado por uma desconfiança de princípio de tudo o que lembre troca mercantil. A propósito, é saborosa a expressão de certo cineasta francês que dizia recusar recursos privados, alegando que só trabalhava com dinheiro "lavado pela República": ou seja, o dos cofres de governo, pois o restante seria dinheiro "sujo".

Há de se reconhecer que as pessoas em geral, sensíveis a sons, palavras, imagens, movimentos, gestos e cores, que povoam o mundo das artes, não são as que mais vibram diante de uma tabela numérica. Até aí tudo bem, faz parte da vida e da distribuição natural e social das predisposições perceptivas e intelectuais, e é de todo recomendável que gente com tais sensibilidades variadas tenham posição de realce nas discussões e nas decisões da área. Mas, imaginar que o simples cuidado com a mensuração de fluxos (de pessoas, de espaços, de equipamento, de dinheiro, de manifestações e eventos) possa encerrar algo de diabólico não é atitude tolerável entre adultos. Imaginar que economia da cultura possa reduzir-se a estratégias mercadológicas e incentivos fiscais é outro disparate nada raro. Parece não ocorrer à maioria, nessas horas, que a mais centralizadora e estatal gestão da cultura precisa tanto de indicadores confiáveis como a mais liberal e privatista delas. Uma coisa não implica a outra.

O que é arte e o que é entretenimento? Levando-se essa distinção demasiado a sério – e não são poucos os que o fazem –, até que ponto as estatísticas culturais vão se preocupar ou não com o tempo que as pessoas consomem vendo telenovela, ou qualquer outro produto da ficção televisiva ou cinematográfica considerado de massa. De um ponto de vista mais rigoroso, não se podem entender hábitos culturais se não se indaga tudo o que as pessoas fazem em seu tempo livre, mesmo que se trate de práticas negativamente avaliadas por gente cultivada. Em outras palavras, a atenção com indicadores quantitativos ajudará certamente a desenvolver, entre técnicos e dirigentes culturais, um olhar para a cultura de massa, e não apenas à erudita (que sempre foi sua praia e de onde muitos deles são nativos) e à popular (hoje em dia celebrada como símbolo de autenticidade e de pluralismo de valores). Um olhar, enfim, que ao menos leve em conta a cultura de massa e a pense relacionalmente ao erudito e ao popular, como manda a teoria. A propósito, é impressionante a carga depreciativa com que muitos dirigentes ou técnicos de cultura se referem, por exemplo, à ficção televisiva, ignorando qualidades narrativas, inovações cênicas e mesmo o caráter interativo da telenovela brasileira. São virtudes passíveis de se constatar nos estudos que a olham sem preconceito, etnograficamente.

Nem tudo o que é importante é mensurável, nem tudo o que é mensurável é importante. Esse truísmo deve alertar para o que de fato está em jogo quando se fala em indicadores culturais. Eles precisam ser construídos com rigor e serem abrangentes e confiáveis. Até que ponto as informações fornecidas por uma dada prefeitura são atuais e corretas, ou, ao contrário, defasadas? Por falar em municípios, lembre-se que o MinC é um dos ministérios mais distantes de contato direto com a realidade local, pois que quase se reduz, desde sempre, a um punhado de instituições sediadas no Rio de Janeiro e em Brasília (e obviamente às cidades importantes do Patrimônio Histórico), com raras iniciativas geograficamente mais amplas e nenhuma minimamente capilar.

Distanciamento similar isola as gestões estaduais de cultura da grande maioria de suas municipalidades, que, mesmo vizinhas, ignoram em geral o que cada uma faz.

Em um universo assim de tão escassas iniciativas conjuntas, e de tão pobre experiência de colaboração entre instâncias de governo, sinais de mudança aparecem felizmente. O Programa Cultura Viva é o melhor exemplo no apoio descomplicado que oferece a artistas e a grupos informais, em geral de classe popular, em regiões empobrecidas ou zonas de risco.

Alguns governos estaduais hoje se orgulham de projetos que disseminam apoios e estabelecem ligações com dezenas ou centenas de municípios, assim como algumas prefeituras mais ágeis já construíram redes de fomento cultural com boa cobertura de seu território e de sua população.

Isso tudo pode parecer elementar, mas é algo que apenas está começando no Brasil. Para seu reforço, indicadores são importantes, e é pelo alcance de públicos mais amplos e mais carentes que se fará o vínculo entre a política cultural e outras políticas sociais que com ela se relacionam, como a de educação. Tal evidência já foi felizmente constatada por políticos e dirigentes ligados a diferentes partidos, mas engajados em aumentar a eficiência da gestão cultural.

E aí se toca em outro ponto que está assustando os eruditos inquietos com as novas justificativas da ação cultural de governo. Os discursos acerca de política cultural no Brasil hoje estão em consonância com o que pregam a Unesco e outras agências internacionais. São fontes que salientam que a cultura tem contribuição a dar em matéria de geração de emprego, distribuição de renda, reforço educacional, eficácia terapêutica (física e mental), para crianças, moços e velhos, combate ao racismo, regeneração do meio ambiente e o que mais seja. Creio que é quando alguma exigência "externa" dessa natureza entra em jogo que o monitoramento de projetos culturais tende a ser uma realidade.

Mas, será que alguém pode ver aí uma ameaça, qualquer que seja ela, para a liberdade de criação artística ou para a qualidade do que se oferece? Estará aí alguma restrição potencial ao desfrute? Será que a cidadela erudita é assim tão frágil?

A resposta é não. No presente patamar de industrialização e de abertura a mercados internacionais, o consumo material que as classes com médio ou alto poder aquisitivo podem ter no Brasil é imenso. O mesmo pode ser dito das alternativas de filmes, livros, espetáculos, exposições nas metrópoles e grandes cidades, como se constata pelos guias de programação publicados pelos principais jornais e revistas. O grande desafio é enriquecer as alternativas na base da pirâmide social, e também as condições de trabalho para os que se iniciam no ofício das artes.

Acredito que indicadores culturais interessam mais imediatamente a três grupos dentro do circuito especializado. Primeiro, aos estatísticos e técnicos envolvidos na sua construção e divulgação; segundo, aos pesquisadores acadêmicos cujas teorias reclamam a existência e o uso desses indicadores; terceiro, aos gestores culturais empenhados em que seus projetos não morram no esquecimento ao final de cada mandato.

O último alerta é para a descontinuidade político-administrativa. Eis aí um risco real, que uma melhora na gestão cultural ajuda a minorar. Acompanhamento e avaliação pública de projetos governamentais são práticas a ser fomentadas com urgência e vigor na área cultural. O espaço da cultura erudita opera através de sutis mecanismos de exclusão, por meio dos quais reafirma seu caráter "de elite". Conhecer como eles produzem tais efeitos de "exclusividade" e atravancam o desenho de políticas mais democráticas para a cultura é uma precondição para dar à produção de indicadores culturais a relevância que ela merece. Em suma: indicadores são ingredientes indispensáveis, para se usar sem medo!

3

As Economias da Cultura*

3.1. Introdução

Inclusão social, pluralidade e diversidade são hoje virtudes louvadas na política cultural brasileira. O balanço da gestão iniciada em 2003, recentemente publicado pelo MinC (Ministério da Cultura)[1], mostra como esses valores vêm sendo perseguidos e como vêm se multiplicando os canais de participação popular. Audiências e consultas públicas, conselhos, conferências, fóruns e redes sociais são alguns dos novos espaços de mobilização que atraem centenas ou milhares de pessoas, a grande maioria, pode-se presumir, composta por gente até então muito alheia a discussões de política cultural. É um público bem mais amplo e heterogêneo, em termos de escolarização e origem geográfica e social, do que os quadros tradicionais dessa área de política pública, mais próximos à cultura erudita.

Semelhante tendência autoriza a acreditar que está se ampliando rapidamente o público interessado em saber o que o governo pode fazer, está fazendo ou deve fazer em matéria de apoio à cultura. E também se deduz que a muitos falte formação para entender por que se fala cada vez mais em economia da cultura. Essas razões justificam tratar o assunto de modo introdutório, na certeza de se estar falando a não iniciados.

* 2010.

1. Brasil. MinC, *Cultura em Três Dimensões: As Políticas do Ministério da Cultura de 2003 a 2010*, Brasília, 2010.

A estratégia aqui é apresentar sinteticamente as constelações de interesses, de instituições e de práticas em que se enraízam os diferentes usos do conhecimento econômico quando aplicados a fenômenos, processos e produtos socialmente identificados como culturais. Foram identificadas quatro áreas ou domínios, daí se justificando o emprego do plural no título: "as economias da cultura".

3.2. A Economia da Gestão Pública Nacional de Cultura

A presença governamental na cultura é questão controversa de longa data, muito longe do consenso que a legitima, por exemplo, em saúde, educação ou infraestrutura. A controvérsia se funda na desconfiança de que a presença do governo pode facilmente descambar em "dirigismo cultural" e em exercício de censura, à semelhança do que aconteceu durante os totalitarismos do século XX.

Como precaução, as leis que disciplinam a atuação do governo, nas recentes democracias de mercado, tendem a restringir sua presença em cultura a funções de animação, apoio material e coordenação operacional das formas de expressão originárias da sociedade, sendo o poder coercitivo limitado apenas, quando necessário, à preservação do patrimônio.

A par desse lugar deliberadamente restrito, o peso da gestão cultural varia de país a país, de acordo com seu regime político e sistema de poder e com sua formação histórica. Varia também conforme a importância de sua indústria cultural no conjunto da economia e como fator estratégico de comércio e de política externa (como Hollywood, para os Estados Unidos, ou as artes eruditas, para a França).

Durante muito tempo, no Brasil como em outros países, a gestão pública voltou-se quase exclusivamente para as artes eruditas e para a administração de um punhado de instituições (bibliotecas, orquestras e corpos de baile, museus de arte etc.), em geral situadas nas capitais nacionais ou cidades mais importantes, voltadas a um público restrito, normalmente as classes privilegiadas. Por sua vez, as indústrias culturais eram embrionárias ou estavam reguladas por outros ministérios (como o das comunicações), e as manifestações populares sobreviviam por si mesmas, condescendentemente tratadas como "folclore". Nesse contexto estável e equilibrado, não havia muito clima para discutir conexões entre cultura e economia, nem pressões para aumentos sistemáticos de orçamento e para busca de fontes alternativas de recursos. Em nosso país, a realidade começou a mudar aí pelos anos 1980, em meio às orientações neoliberais de política econômica e seu conhecido corolário: redução do tamanho do Estado, privatizações, "terceirização" de atividades, na expansão da lógica de mercado para além dos limites tradicionais da esfera econômica.

Esse foi o momento de glorificar a "parceria público-privado", que na área da gestão cultural ficou destacada com a implantação, nos anos 1990, de uma lei de incentivos fiscais, canal por onde começou a se propagar a ideia de *marketing* cultural como ferramenta capaz de atrair recursos empresariais para o setor.

Mas, deixando para o item a seguir a questão da importância e das consequências do estímulo ao patrocínio à cultura, pense-se no que vêm a ser as responsabilidades típicas da gestão nacional da cultura, numa democracia de mercado. Manter seus quadros de funcionários, suas instituições culturais e sua programação; conceder bolsas de estudo que permitam experimentações ou pensões que amenizem as intermitências e insuficiências do mercado de trabalho artístico; distribuir prêmios; garantir espaço de exibição para a produção nacional, como as cotas de filmes; assegurar proteção moral e econômica via lei de direitos autorais; preservar o patrimônio etc. Muitas são as frentes de ação do Estado na esfera da economia da cultura.

Entre elas está também a tarefa de coordenar a preparação e divulgação de estatísticas culturais, serviço para o qual existe – no Brasil – o IBGE (Instituto de Brasileiro de Geografia e Estatística). Em se tratando de dados de abrangência nacional, o governo federal, e só ele, tem competência jurídica para firmar acordos com outros países ou entidades internacionais, como a Unesco (United Nations Educational, Scientific and Cultural Organization), no sentido de, aderindo a convenções internacionais, assegurar a comparabilidade dos dados entre países.

Tais sistemas de estatística nacional foram se aperfeiçoando ao longo do século XX para poder traçar retratos mais fiéis, capazes de captar as tendências mais relevantes da economia, da administração pública e das condições de vida da população.

No Brasil, as primeiras iniciativas consistentes da administração federal de cultura começaram em 2002, com negociações para um acordo formal de cooperação finalmente celebrado em 2004, entre a Unesco, o IBGE, o Ipea (Instituto de Pesquisa Econômica Aplicada) e o MinC, visando produzir uma base de dados para a área cultural. A partir de então, sistemas classificatórios de ocupações e atividades produtivas foram revistos, para apurar agregados consistentes relativos à área cultural. Recenseamentos demográficos e pesquisas anuais da indústria, comércio e serviços foram retrabalhados, assim como o foram os estudos de orçamento familiar, a fim de aferir gastos domiciliares em cultura. Dispêndios públicos nos três níveis de governo foram apurados, com o intuito de se conhecer com mais propriedade quanto do dinheiro público se gasta em cultura. Descendo ao nível local, uma pesquisa coletou informações sobre a existência de órgãos de gestão de cultura, assim como a quantidade e o tipo dos equipamentos culturais instalados (livrarias, bibliotecas, salas de cinema etc.). Em resumo, como destaca Cristina Lins, técnica do IBGE, foi pela primeira vez montada uma infraestrutura de informações quantitativas para avaliar atividades culturais no Brasil de uma dupla perspectiva: a da *produção*, revendo-se classificações de ocupações, ramos de negócio e de bens e serviços, e a do *consumo*, retrabalhando-se dados censitários e pesquisas de orçamento familiar, de modo a se ter ideia dos usos do tempo livre e do lugar da cultura no tempo de lazer, e dos gastos domiciliares que podem ser considerados indicadores de consumo cultural[2].

O próximo passo, no sentido de construir um retrato quantitativo ainda mais aproximado da área, será ajustar os dados ao modelo, proposto pela ONU, de "conta-satélite", que consiste em dimensionar atividades econômicas que não aparecem discriminadas como setores dentro das contas nacionais. Aplicada à cultura, a metodologia da conta-satélite permitirá precisar mais ainda o montante da renda gerada direta ou indiretamente por ela, cifra que tem implicações no "grau de seriedade" com que o setor é encarado pelas classes dirigentes, sem falar nas possibilidades de desenho de programas mais segmentados. Infelizmente, segundo um economista com vasta experiência internacional no assunto – David Throsby –, a construção de contas-satélites para a cultura ainda está em sua infância, muito distante do que já se conseguiu para a esfera do tu-

2. Ver C. P. de C. Lins, *Indicadores Culturais: Possibilidades e Limites, 2009. As Bases de Dados do IBGE*. Disponível em: <www.cultura.gov.br>.

rismo[3]. Falta acrescentar que a gestão federal de cultura pode também fomentar a economia da cultura por meio da coordenação de programas voltados, entre outros, ao empreendedorismo, ao desenvolvimento regional, à exportação de bens e serviços culturais e à formação e capacitação de agentes, conforme se lê em um documento interno da Coordenação Geral de Economia da Cultura e Estudos Culturais, do MinC. Para a execução de vários desses programas, o governo federal dispõe de agências especializadas, algumas das quais serão tratadas a seguir.

3.3. A Economia dos Bancos Públicos e das Agências de Fomento

O Brasil é um país com longa tradição de apoio estatal ao desenvolvimento, com um histórico de importantes agências de fomento econômico com considerável capacidade de análise e diagnóstico macroeconômico.

A principal delas, o BNDES (Banco Nacional de Desenvolvimento Econômico e Social), constatou em dado momento que não bastava apenas fomentar agricultura e indústria, dado o crescimento dos serviços na economia nacional. Constatou também que os serviços culturais cresciam mais velozmente que o conjunto dos serviços, e que, apesar desse dado promissor, os modelos de negócios nas principais cadeias de produção e de valor – audiovisual, editorial e fonográfica – estavam sofrendo drásticos desarranjos, não só no Brasil, mas em todo o mundo, e precisavam ser "reinventados". A velocidade de incorporação de novas tecnologias, reduzindo a nada ou quase nada o custo de reprodução de um protótipo, a disseminação de cópias ilegais via *download* de arquivos digitais, as controvérsias sobre patentes e *copyright*, o excessivo poder de grandes empresas internacionais na distribuição audiovisual no Brasil, configuravam um quadro em que um banco, com o poder do BNDES, precisava analisar com cuidado as cadeias de produção e cadeias de valor de modo a fortalecer a presença da produção nacional no mercado brasileiro.

Depois de ter atuado por uma década como grande patrocinador de cinema, usando incentivos fiscais pela Lei Rouanet, o BNDES montou, em 2006, um departamento e uma estratégia para incorporar a cultura nas suas

3. Ver D. Throsby, *The Economics of Cultural Policy*, Cambridge, Cambridge University Press, 2010, p. 227.

linhas de operação, para nela atuar propriamente como banco público de investimento[4].

Tal estratégia vem-se construindo a partir de vários pontos: *a.* acompanhamento das mudanças em curso nas principais cadeias produtivas de cultura em países desenvolvidos e em sua dinâmica internacional, a partir dos debates que vêm mobilizando órgãos multilaterais, governos nacionais e entidades representativas das grandes corporações da área; *b.* análise do estado dessas cadeias produtivas e de valor no Brasil, com vistas a detectar os gargalos mais sérios que cada uma delas vem enfrentando para criar uma base consistente de autossustentação econômica; *c.* combinação de instrumentos de política fiscal, creditícia, tributária e tarifária, no marco legal em vigor ou a ser criado, de modo a formatar linhas de apoio fundadas em uma legítima óptica de negócios; *d.* atração de corretoras e outros agentes do mercado financeiro para a constituição e gestão de fundos em que o próprio BNDES atua como investidor.

Por exemplo, no caso do cinema, o Banco percebeu que havia ações a empreender nos quatro elos da cadeia: produção, distribuição, exibição e infraestrutura. Na produção, percebeu que uma dependência prolongada dos recursos de incentivos fiscais havia levado a extrema pulverização de iniciativas, o que desembocava em um número de títulos (excessivamente grande para as dimensões do mercado) que não chegavam à finalização ou à exibição, portanto a pífios resultados comerciais e financeiros; na área da distribuição, em que quatro quintos do mercado nacional estavam nas mãos de quatro conglomerados, ou *majors*, em princípio sem interesse em promover os filmes brasileiros, a estratégia do BNDES vem sendo a de fortalecer as distribuidoras nacionais para que adquiram maior poder de competitividade; na exibição, sendo o gargalo principal o insuficiente e decrescente número de cinemas e sua má distribuição geográfica, o programa privilegia a construção ou reforma de salas; enquanto na área de infraestrutura, identificou como prioritário financiar a renovação de tecnologias por parte das empresas que vendem ou alugam equipamentos à indústria cinematográfica.

4. Ver L. F. Gorgulho *et al.*, "A Economia da Cultura, o BNDES e o Desenvolvimento Sustentável", *BNDES Setorial*, n. 30, pp. 299-355, set. 2009. Disponível em: <www.bndes.gov.br/SiteBNDES/export/sites/default/bndes_pt/Galerias/Arquivos/conhecimento/bnset/set3007.pdf>. Acesso em: 29 março 2012.

Na nova óptica de resultados, o volume médio de espectadores dos filmes brasileiros no mercado nacional passa a ser o critério mais relevante, como mostra a constatação satisfeita de que, de 164 mil espectadores por filme entre 1995 e 1999 passou-se a 564 mil para o triênio 2005-2007[5]. Nessa óptica, fica assumido que primeiro é preciso construir uma indústria de cinema no país, na certeza de que, uma vez implantada a base industrial, nela o cinema de arte terá seu lugar, saindo da histórica dependência de dinheiro público não reembolsável. Com esse argumento, rebatem-se aqueles que insistem em ver em uma política de cinema construída pela óptica de negócios como apenas um estímulo à produção de títulos demasiadamente comerciais, sem valor estético.

Para outras cadeias importantes, como a do livro, o BNDES encomendou a terceiros uma reconstituição exaustiva, de que resultou o estudo acerca da economia da cadeia produtiva do livro[6].

Por seu turno, o Serviço de Apoio às Micro e Pequenas Empresas (Sebrae) também elaborou e divulgou um documento oficial[7], destinado a expor suas linhas de ação em entretenimento e cultura. Respeitada a diferença de atribuições entre BNDES e Sebrae, é comum nos argumentos de ambas as instituições o reconhecimento de que se está diante de uma "economia nova", na qual o ingrediente "criatividade" assume lugar de realce. Para o Sebrae, trata-se de um novo paradigma econômico, dentro do qual o fomento ao "empreendedorismo" deve se pautar por uma dupla vertente – *economia da cultura* (criação, produção, circulação, difusão e consumo de bens e serviços culturais com sua dimensão de produção de riquezas, emprego, negócios e divisas, no contexto de cada cadeia produtiva) e *culturalização da economia*, processo que exprime a agregação de valor que os sistemas simbólicos podem conferir a negócios e atividades econômicas. Se essas vertentes são ou não parâmetros efetivamente orientadores das ações do Sebrae é questão que não dá para aqui afirmar. O mais importante é reconhecer que, sendo o raio de ação das micro e pequenas empresas geo-

5. *Idem*, p. 328.
6. Ver F. S. Earp & G. Kornis, *A Economia da Cadeia Produtiva do Livro*, Rio de Janeiro, BNDES, 2005.
7. Ver V. Lage, "Cultura nas Ações do Sebrae: Desafios para os Pequenos Negócios". Disponível em: <www.biblioteca.sebrae.com.br/bds/bds.nsf/.../NT00035BBE.pdf>. Acesso em: 15 abr. 2012.

graficamente restrito, a proposta de apoio gerencial do Sebrae, na verdade, aponta para a necessidade de se conhecer "arranjos produtivos locais", o que também é um conceito muito frutífero como foco de análise e de organização do fomento, uma vez que as práticas culturais não são homogeneamente dispersas no território, mas se concentram em determinadas áreas (vilas, bairros, cidades, regiões), dentro das quais se torna indispensável conhecer as interdependências entre artistas, artesãos, comerciantes, agentes de turismo etc.

Mesmo no curto espaço deste item, caberia ainda mencionar as análises produzidas, no mínimo, por duas outras instituições: o Ipea e a Agência Nacional do Cinema (Ancine), também ativas em estudar a economia da cultura. No que diz respeito a bancos públicos, como Banco do Brasil e Caixa Econômica Federal, sua intervenção em cultura, ainda que com orçamentos bem mais altos do que seus concorrentes corporativos, segue a lógica do patrocínio privado, regulado por estratégias de mercado que são o objeto do item que segue.

3.4. A Economia dos Mercadólogos

Considerem-se os dois grandes ramos da ciência econômica, a macroeconomia e a microeconomia. Enquanto a primeira estuda grandes agregados, como a produção, a renda e o consumo de toda a população, a microeconomia propõe-se a explicar as relações mercantis entre unidades individuais (empresas, trabalhadores, consumidores privados, prestadores de serviço, proprietários de terras etc.). Interessam à microeconomia os princípios que regem as trocas mercantis, os equilíbrios entre quantidades produzidas e vendidas de cada gênero de bens ou serviços, e respectivos custos e preços e sua variação no tempo. Tanto do lado da oferta como da procura, aceita-se que os agentes sejam sempre movidos racionalmente por autointeresse (de lucro ou de satisfação pessoal) e que todos tenham ampla informação sobre o que se passa no mercado e conheçam a utilidade de cada bem ou serviço nele oferecido.

A mercadologia (ou *marketing*), por sua vez, é a disciplina que se vale dos princípios microeconômicos para ajudar indivíduos, empresas e organizações a traçar estratégias competitivas, tirando mais proveito dos canais disponíveis de difusão e de comercialização em dado circuito de mercado.

O uso da mercadologia começou no início do século XX, nos Estados Unidos, buscando meios mais eficientes de distribuição de alimentos no varejo. Estendeu-se a seguir aos bens industriais e, por volta da metade do século XX, começou a ser cada vez mais aplicada aos serviços, na medida em que a mercantilização mostrava ser capaz de submeter à sua lógica atividades até então oferecidas como bens públicos pelo governo ou realizadas sem intenção de lucro na vida doméstica familiar.

O *marketing* cultural é um dos usos tardios da mercadologia, e surgiu como expressão da vontade de aumentar a frequência de público e de garantir outros meios de sustentação econômica das instituições culturais, até então financiadas pelo governo ou pela filantropia (como acontece nos Estados Unidos). Mais ou menos simultaneamente, pela década de 1960, foi se verificando no conjunto do mercado uma tendência muito forte para a segmentação, ou seja, o declínio da venda de produtos padronizados, vendidos em larga escala e anunciados por meios de comunicação de massa, e a ascensão, em seu lugar, de estratégias comerciais voltadas para grupos específicos de consumidores, com hábitos muito particulares de compra e de leitura (ou audiência) de mídia. Ademais, a tecnologia industrial começou a permitir que empresas concorrentes oferecessem produtos iguais ou quase iguais, donde a necessidade cada vez maior de diferenciá-los simbolicamente, isto é, a partir das associações que as pessoas fazem entre uma e outra marca.

Diante da realidade da segmentação, tornava-se, pois, desperdício a empresa continuar gastando enormes somas para anunciar na mídia de massa, sendo mais racional guardar dinheiro para campanhas focalizadas em seus segmentos-alvo. Na tentativa de se impor a esses segmentos, em um contexto de saturação geral da mídia pela publicidade e de decrescente capacidade de memorização de apelos por parte do consumidor, a luta comercial colocou a necessidade de as empresas associarem suas marcas a qualquer experiência ou atividade humana dotada de valor positivo, ou seja, socialmente valorizada, como é o caso das artes. Em alguns ramos de negócios, como os vícios legalizados (álcool e tabaco), ou que trabalham com um "produto" materialmente indiferenciável (dinheiro, no caso dos bancos), os grandes anunciantes já tinham consciência dessa necessidade há mais tempo.

As empresas em geral financiam a despesa com publicidade estabelecendo para ela um percentual fixo sobre o valor das vendas do ano anterior.

Mas, no caso das novas alternativas de valorização de marcas através de associação com atividades positivamente valorizadas, as empresas preferiram esperar para ver que atrativos o governo estaria disposto a oferecer-lhes caso decidissem, por exemplo, patrocinar cultura, esportes, ecologia, combate à pobreza, ou o que fosse. Em outras palavras, que "incentivos" (em geral deduções de impostos) o governo lhes punha à disposição, sendo essas observações válidas tanto para os países desenvolvidos como para o Brasil.

O governo federal brasileiro, no início dos anos 1990, reviu e relançou um texto legal (Lei Rouanet), que oferecia vantagens fiscais para empresas que financiassem alguma modalidade de cultura (eventos, restauros, coleções etc.). Alguns governos estaduais e municipais seguiram o exemplo e também criaram suas leis. Grandes corporações produtivas estatais, com vastas verbas publicitárias, saíram na dianteira e se inscreveram com realce na lista dos novos "mecenas". Para as corporações realmente gigantes, abriu-se ainda a possibilidade de instalar centros culturais permanentes e ter parte de seu custeio sustentado por recursos oriundos do incentivo fiscal. De modo geral, essa nova realidade reclamava a profissionalização de intermediários com capacidades como: *a.* descobrir afinidades entre o perfil da empresa e o perfil da atividade cultural a ser promovida; *b.* circular nos meios artísticos e sondar que projetos encarnavam melhor essas afinidades; *c.* preparar e fazer aprovar projetos dentro das exigências burocráticas especificadas na lei; *d.* acompanhar a execução do projeto cultural, avaliar as reações do público e da imprensa, e, em caso de sucesso, celebrar a "parceria público-privado" como uma ferramenta moderna de fomento à cultura.

É equívoco ingênuo supor que a vigência de incentivos fiscais tenha transformado, do dia para a noite, dirigentes de empresas em ditadores de cultura. Eles, a rigor, decidem a partir de escolhas feitas por terceiros, e, entre estes, os críticos especializados têm lugar nada desprezível, seja na hora de desenhar critérios de escolha, de selecionar projetos ou apreciá-los *ex-post* em uma coluna de jornal. Ademais, vive-se em um tempo em que a noção de arte está alargada ao máximo pelos defensores da liberdade de criação (no limite: arte é o que qualquer artista quer que ela seja) e, se erros podem ser cometidos na hora de se escolher um projeto para patrocínio corporativo, talvez seja aconselhável começar procurando as causas nas indeterminações de qualidade endógenas ao campo artístico contemporâneo (e nas condutas oportunistas que elas estimulam) do que em qualquer interesse comercial espúrio por parte do patrocinador.

A economia dos mercadólogos da cultura precisa de estatísticas. Saber quantas empresas financiam projetos, a que ramos de produção se filiam, onde se localizam suas fábricas, escritórios e seu público-alvo, são todas informações indispensáveis para um trabalho consistente. É claro que as tendências a que tais informações podem apontar dependem também de informações acerca do tempo de lazer das pessoas, dos equipamentos culturais disponíveis dentro e fora do domicílio, e, nesse sentido, também precisam de referenciais numéricos agregados que fazem parte não da micro, mas da macroeconomia. A propósito, é bom lembrar que, quando vista mercadologicamente, uma representação teatral de Shakespeare, ou de qualquer outro autor genial, não se esgota na satisfação que o texto (autoria mais representação) possa proporcionar ao espectador. Ao contrário, a obra simbólica só se concretiza como oferta quando se inclui uma série de atributos indispensáveis e que, em geral, passam em silêncio: a qualidade da sala (conforto acústico e térmico), sua localização (facilidade de acesso), horários das sessões (ajustáveis a outros compromissos) e daí por diante. Tudo isso compõe a "definição ampliada" de bem cultural, com a qual trabalha a mercadologia, que é o que efetivamente conta nas decisões finais do público consumidor, por mais sofisticado que seja. Uma vez acontecido o evento patrocinado, à mesa do patrocinador chega um dossiê com cópia de todas as notícias de imprensa em que ele foi mencionado, incluindo a contagem dos centímetros quadrados de jornal ou revista, para que ele se reassegure do sucesso que foi sua iniciativa, gerando tamanha "mídia espontânea".

É de suma importância distinguir o *marketing* tal como pode ser aplicado a produtos ordinários da agricultura e da indústria do *marketing* aplicado a bens e serviços culturais. No primeiro caso, o mercado em que a empresa opera é relativamente mais homogêneo, ou seja, um conglomerado de indivíduos cujas necessidades insatisfeitas são captadas pelas antenas de seus vendedores e/ou pela técnica de seus pesquisadores. Uma vez captada a necessidade, a empresa aciona seus engenheiros para convertê-la em produto, e sua área comercial, para calibrar o lançamento (definição de preço, argumentos de promoção, canais de escoamento); tudo isso sendo feito internamente à empresa. Se ela tiver sucesso nesses requisitos, seu produto será aceito e absorvido pelo mercado, fato mensurável pelas curvas de venda que embutem a lucratividade proporcionada, até que em um momento futuro outra necessidade qualquer seja percebida e enfrentada da mesma maneira.

No caso dos bens culturais, o contexto e as estratégias são diferentes. Pegue-se como exemplo um editor de ficção: de um lado (o da oferta), ele está sempre diante de uma enorme abundância de títulos que pode lançar (textos inéditos, textos esgotados, de autores vivos ou mortos, nacionais ou estrangeiros etc.). Ele escolhe o que publicar dentro de um acervo preexistente, a que ele tem acesso a partir de um "faro" refinado por anos de leitura e de convívio com escritores, críticos e outros editores, isto é, de uma *rede* complexa de agentes. Já do lado da procura, ele não vai se guiar por necessidades impessoais emitidas por indivíduos comuns e anônimos, mas vai sim levar em conta uma série de instâncias e categorias de agentes cujas ações e reações exprimirão redes sociais que operam a partir de influências recíprocas e cumulativas. Ele precisará saber se alguma entidade se interessa em dividir os custos da publicação, se o governo pode ser um comprador especial, se os críticos são simpáticos ao autor ou ao gênero literário que ele representa etc. Em suma, também aí ele precisa lidar com *redes* complexas de agentes e instituições[8].

Ademais, nos mercados culturais, muitas vezes o prestígio corre na relação inversa da lucratividade econômica, e, assim, o mercadólogo (ou quem a ele recorra) precisa saber lidar com esta particularidade. Cabe-lhe agir sempre encarando com alguma reserva o discurso dos intelectuais pessimistas de plantão, para quem a rejeição do econômico é sempre questão de princípio inegociável. Uma rejeição que, como lembra Paulo Miguez, sempre ressurge "entrincheirada na rejeição adorniana a tudo que possa significar produção mercantil de bens e serviços culturais"[9].

3.5. A Economia dos Acadêmicos

O espaço universitário é onde as pessoas costumam falar e escrever em seu nome e não das instituições a que se filiam. É espaço no qual a pesquisa

8. Ver F. Colbert, *Le Marketing des Arts et de la Culture*, Boucherville, Québec, Gaëtan Morin, 1993.
9. P. Miguez, "Aspectos de Constituição do Campo de Estudos em Economia da Cultura", em I. Cribari (org.), *Economia da Cultura*, Recife, Fundação Joaquim Nabuco/Massangana, 2009, p. 31.

é atividade-fim e se inscreve em projetos individuais ou coletivos, em geral de longa duração, ao ritmo das necessidades de ensino e de formação de novos pesquisadores, em suma, da reprodução da própria instituição. Nele se aceita que o confronto de ideias possa (e deva) ser levado às últimas consequências em termos de tempo de aprofundamento e da liberdade de confrontar interesses e visões de mundo, quaisquer que sejam as posições teóricas e políticas. Nele se espera que se respeitem sempre as regras consagradas do debate entre pares, não importa qual o tema ou o grau de candência da discussão. Espera-se ainda que tenham sido respeitadas por eles as regras impostas pela metodologia científica na geração do conhecimento que sustenta as posições opostas no debate.

O cultivo da ciência econômica está sujeito obviamente a todas essas regras, mas com uma particularidade fundamental: a grande maioria de seus diplomados vai para uma organização não acadêmica tão logo acabe seu curso de graduação. Seus interesses pessoais e expectativas de carreira acabam se organizando, em suma, segundo as possibilidades de emprego e remuneração que o mercado possa oferecer. Ora, como essas possibilidades são tanto mais favoráveis quanto maior o vulto dos negócios dos setores que empregam economistas, é fácil entender por que as modestíssimas cifras da cultura não atraem a quase totalidade dos estudantes e professores de economia.

Mas há uma vertente, na ciência econômica, cujo projeto explicativo não se concilia muito bem com tais expectativas de emprego extra-acadêmico. É aquela que se propõe a desnudar, nas forças que modelam a sociedade, os interesses sociais mais profundos associados à divisão dela em classes sociais, e que tem no filósofo e economista alemão Karl Marx (1818-1883) sua referência teórica central. Para essa vertente, o espaço mais favorável é, de longa data e ainda por muito tempo, o meio acadêmico como local de pesquisa e seus livros e revistas como canais de divulgação. Cabe aqui a ressalva de que nem toda economia da cultura produzida por acadêmicos segue a abordagem marxista, como se pode facilmente verificar em publicações estrangeiras significativas[10].

10. A esse respeito, ver R. Towse, *A Textbook of Cultural Economics*, Cambridge, Cambridge University Press, 2010; D. Throsby, *The Economics of Cultural Policy*, Cambridge, Cambridge University Press, 2010; e F. Benhamou, *A Economia da Cultura*, Cotia (SP), Ateliê Editorial, 2007.

No que se refere ao amplo universo da produção simbólica, o que no último meio século tem mais chamado a atenção dos economistas marxistas (no Brasil e no estrangeiro) não são as artes, mas os veículos de comunicação, que, operando como indústrias culturais, tendem a se organizar em grandes conglomerados oligopolistas com imensa capacidade de controle do universo do entretenimento coletivo e da circulação da informação, em escala nacional e global.

Com a implantação do ensino de Comunicação Social no Brasil, em fins dos anos 1960, começou-se a importar conhecimento acerca do *modus operandi* dos conglomerados da mídia e a pensar nossas especificidades nesse terreno. Em seguida, os núcleos de pós-graduação criados para a área (hoje associados em entidades como a Sociedade Brasileira de Estudos Interdisciplinares da Comunicação – Intercom; e a Associação Nacional dos Programas de Pós-Graduação em Comunicação – Compós) serviram de espaço para discussão e difusão dos resultados de pesquisas feitas no país. Nesse movimento, foi-se constituindo uma tradição de pesquisa fortemente crítica da política governamental para a área. As Organizações Globo, com seu espetacular crescimento e suas afinidades com o regime militar (1964-1985), acabaram se tornando um privilegiado objeto de análise e crítica, como um caso bem-sucedido de oligopólio sustentado por uma política de comunicação enraizada nos interesses do patronato privado e dos políticos que administram as concessões públicas de canais de rádio e TV[11].

César Bolaño é um economista que estuda há longos anos a concentração do capital no setor de comunicações no Brasil, do ponto de vista marxista. Em *A Economia da Arte e da Cultura*, ele e os demais organizadores reúnem textos de terceiros que abordam literatura, artes visuais, teatro, cinema, música, fotografia, telenovela e jornalismo, precedendo-os de um ensaio teórico de sua autoria intitulado "Economia Política da Comunicação e da Cultura"[12]. Tendo em conta o tempo de maturação intelectual e teórica de Bolaño e de Herscovici – este também marxista e autor do capí-

11. Ver V. C. Brittos & C. Bolaño, *Rede Globo: 40 Anos de Poder e Hegemonia*, 2. ed., São Paulo, Paulus, 2005.
12. C. Bolaño, C. Golin & V. Brittos (orgs.), *Economia da Arte e da Cultura*, São Paulo, Itaú Cultural; São Leopoldo, Cepos/Unisinos; Porto Alegre, PPGCOM/UFRGS; São Cristóvão, Obscom/UFS, 2010.

tulo v[13] –, tomam-se aqui os textos desses autores como referência para as observações que seguem.

Do ponto de vista marxista, a difusão da lógica da mercadoria (ou processo de mercantilização) é vista como uma característica essencial não de toda sociedade humana, mas apenas daquelas de tipo capitalista. É uma lógica que se manifesta historicamente e que está sempre sujeita à dinâmica desse tipo de sociedade, com seus ciclos característicos de expansão e contração, jamais podendo ser vista como uma tendência natural, irrefreável ou sobre-humana. Para o marxismo, em última instância, a mercantilização exprime a dominação de uma classe social sobre o conjunto da sociedade, embora a difusão das relações de troca seja glorificada (pela mercadologia e pela ciência econômica que a fundamenta) como o princípio mais legítimo e comprovado de eficiência na produção e distribuição de bens e serviços. Em suma, mercantilização seria, na visão neoclássica, a consequência necessária da livre concorrência entre agentes, havido como o princípio mais eficiente de organização das relações econômicas. Já para o marxismo, livre concorrência nas mais das vezes é figura de retórica, pois a força da acumulação de capital acaba sempre impondo sérias desigualdades de tamanho e poder entre indivíduos e empresas, donde a configuração de oligopólios e a infiltração do poder econômico na vida política.

Bolaño e Herscovici calejaram-se no estudo das tendências de longo prazo que sustentam os oligopólios dos meios de comunicação, que é uma esfera específica do universo cultural. Procuraram aplicar uma análise que transcendesse a lógica puramente econômica e tentasse mostrar correspondências entre a concentração do capital e os padrões técnicos e estéticos da cultura de massa por ela controlada. A partir daí, o leitor pode prever o grau de ambição explicativa que a articulação desses conceitos traz implícita: estabelecer, na história do capitalismo industrial, as várias etapas distintas de estruturação de oligopólios no setor de comunicação, como um fio condutor que, articulando os níveis econômico, cultural e político, seja capaz de atingir os níveis mais profundos de explicação.

13. Ver A. Herscovici, "Artes Cênicas: Análise Econômica, Modalidades de Financiamento e Novas Perspectivas na Era da Economia Digital", em C. Bolaño, C. Golin & V. Brittos (orgs.), *Economia da Arte e da Cultura*.

A periodização apresentada por Herscovici é bem exemplificativa dessa ambição teórica, e vale a pena ser aqui esboçada. Segundo ele, entre 1950 e 1980, as indústrias culturais no mundo ocidental se organizavam segundo o princípio da *economia da repetição*, ou seja, viviam dos ganhos da venda de bens culturais reproduzidos industrialmente em suportes materiais (discos e livros); ademais, auferiam ganhos derivados da venda de audiência a anunciantes em jornais e revistas, rádio e TV. Na etapa seguinte, da *economia da diferenciação* (1980-1990), emerge a necessidade de se diferenciar mercadorias entre si, bem como de se diferenciar espaços geográficos, associando-se produtos e serviços a megaeventos (olimpíadas, copas do mundo, festivais internacionais). Finalmente, a partir da década de 1990, configura-se a *economia das redes*. Nesta fase, atualmente em curso, todas as formas de capital intangível se tornam componente essencial das novas formas de concorrência. A internet, potencializada pela digitalização de arquivos, faz com que competidores comerciais sejam muitas vezes obrigados a criar serviços gratuitos ou semigratuitos (ex. Linux, mecanismo de busca Google etc.) para criar utilidade social que, *a posteriori* (e somente *a posteriori*), se rentabilizam com a criação de serviços pagos com alto valor agregado ou da venda de audiência[14].

3.6. Considerações Finais

O plural "economias da cultura" foi um artifício para mostrar que são múltiplas as posições teóricas e os interesses envolvidos em se observar, medir, analisar, tomar partido e intervir na esfera cultural de um país a partir de sua base material. Faltou tratar da "economia das entidades transnacionais", aí incluídos organismos ligados à ONU, como Unesco e a UNCTAD (United Nations Conference on Trade and Development), assim como a Wipo (World Intellectual Property Organization) ou o GATT (General Agreement on Tariffs and Trade), para mencionar poucas.

Dois processos têm sido responsabilizados pelas profundas mudanças em curso no cenário cultural mundial do início do século XXI, e que reforçam a necessidade de bem entender o que se passa em nível internacional.

14. *Idem*, p. 129.

Eles são a *digitalização* de arquivos (de sons, textos, imagens) que se traduz em desmaterialização das obras culturais, com forte impacto nas estratégias de geração e apropriação de ganhos econômicos, e a *convergência tecnológica* entre o audiovisual, a informática e as telecomunicações. Tais processos redesenham o mapa do poder econômico nas indústrias culturais, uma vez que corporações gigantes até recentemente distantes delas são agora parceiros decisivos nesse redesenho, o que potencializa a tendência à concentração e à centralização do capital.

Criada na década de 1960, a economia da cultura (*cultural economy*) vem sendo desde então cultivada como uma especialidade acadêmica restrita a um punhado de países ricos e subdividida em temas como mercado de trabalho, subvenção governamental, evolução do consumo, custo da proteção ao patrimônio, entre outros, sempre analisados a partir das realidades nacionais e da subdivisão clássica do campo artístico por grandes gêneros (ou linguagens), como artes visuais, livro e literatura, cinema e audiovisual, patrimônio histórico.

Com o novo século, emerge um novo conceito – "economia criativa" (*creative economy*). Começa por uma reclassificação que introduz segmentos antes não considerados culturais (*software*, *games*, programação de rádio e TV, publicidade, desenho industrial e moda), como se propõe a incluir o componente "criativo" em toda e qualquer atividade industrial, artesanal, comercial e de serviços. O sujeito dessa reclassificação não é nenhum acadêmico, mas um órgão de governo como o Department for Culture, Media and Sports (DCMS), equivalente inglês de um ministério da cultura, o que já em si dá força institucional à proposta. Não por acaso, o DCMS define como criativas "aquelas indústrias que têm sua origem no talento, na habilidade e na criatividade individuais, e que tenham potencial para a criação de riqueza e emprego *por meio da geração e exploração da propriedade intelectual*" (grifo meu), sendo as mais importantes a produção de *software* e jogos eletrônicos, a programação de rádio e TV, a publicidade e a edição eletrônica de textos, como destaca Ruth Towse[15]. Essa autora chama a atenção para um importante detalhe: é que, ao serem definidas como "dependentes do *copyright*" as indústrias mais centrais dessa nova classificação, fica sugerido que a sua contribuição à riqueza nacional depende do respeito a

15. R. Towse, *A Textbook of Cultural Economics*, p. 378.

esse direito, com o que fica claro o quanto a iniciativa de reclassificação e a invenção da nova disciplina se articulariam com interesses comerciais de grande monta, visto que a parte mais importante do patrimônio econômico das corporações da indústria cultural está sob a forma de *copyright*. Towse chega mesmo a ver na alteração de foco entre a *cultural economy* e a *creative economy* uma "mudança de paradigma"[16]. Ora, como se sabe, em teoria da ciência esse é o nome que se reserva apenas àqueles momentos de ruptura em profundidade com maneiras de conceituar e classificar fenômenos, analisar causalidades e interpretar mudanças.

Mas há outra questão mais ampla e profunda na sociedade contemporânea, que o fio da análise socioeconômica da cultura levanta, e que é tese central do instigante livro *O Novo Espírito do Capitalismo*, de Luc Boltanski e Ève Chiapello[17]. Segundo os autores, a reestruturação neoliberal da ordem capitalista implicou mudanças nas grandes organizações e declínio das carreiras de vida inteira dentro da grande corporação. Princípios e valores novos precisaram ser inventados para dar conta e justificar a instabilidade de um mercado de trabalho cada vez mais precário, em que os indivíduos precisavam se "reinventar" a todo o momento, e a valorizar, mais do que um emprego, a manutenção de sua capacidade de competir (empregabilidade), aceitando mais facilmente os percalços de se tornarem "fornecedores" das empresas que até então os empregavam. Nesse novo contexto, a "criatividade" cresce como fator de sucesso pessoal, e a ideologia do talento, antes confinada ao mundo das artes, se propaga como legitimação da nova ordem. Não por acaso, Ève Chiapello é justamente professora de gestão cultural em uma grande escola de negócios, a École des Hautes Études Commerciales (HEC).

Se o mercado de trabalho em geral tende ou não a assumir "a cara" do mercado de trabalho artístico é questão que não dá para desenvolver aqui. Mas é eloquente o quanto as tendências apontadas por Herscovici[18] se aproximam daquelas de Boltanski e Chiapello. Herscovici constata que, nos dias

16. *Idem*, p. 544.
17. L. Boltanski & È. Chiapello, *O Novo Espírito do Capitalismo*, São Paulo, WMF Martins Fontes, 2009 [ed. original francesa: 1999].
18. A. Herscovici, "Artes Cênicas: Análise Econômica, Modalidades de Financiamento e Novas Perspectivas na Era da Economia Digital", em C. Bolaño, C. Golin & V. Brittos (orgs.), *Economia da Arte e da Cultura*, p. 135.

que correm, aumenta a aleatoriedade do valor dos bens, enfraquece-se a correspondência entre custos e preços e se ampliam as atividades altamente especulativas, de que serve de exemplo, anos atrás, a crise das empresas "pontocom". Em suma, a cultura pode ser o caminho por onde rever as reestruturações de todo o sistema econômico.

4

Economia e Sociologia da Cultura: Potencial da Parceria França-Brasil*

É muito feliz a escolha da França como parceira em debate a respeito de política e gestão cultural. A sólida cultura artística e humanística de procedência francesa teve duradoura importância na formação intelectual das elites brasileiras, já antes do fim do Brasil Colônia. No primeiro século do Brasil independente, essa influência só fez crescer, e ainda se prolongou como hegemônica nas primeiras décadas do século XX, até o momento em que no cenário internacional emergiram novas potências, a comandar uma expansão econômica e uma indústria cultural técnica e economicamente imbatível, impondo o inglês como a língua franca mundial. Aliás, apesar de devastada pela guerra, a França foi a fonte de inspiração mais visível no processo de importação do modernismo artístico pela intelectualidade brasileira ao tempo da memorável gestão do Ministro Gustavo Capanema (1934-1945), quando de fato se definiram as linhas de ação governamental em cultura no Brasil.

O apoio do governo à cultura na França tem raízes antigas, que remontam à glória do regime monárquico e de sua exuberante aristocracia. O centralismo político de raízes tão antigas se reafirmou na criação do Ministério

* Comunicação apresentada ao Seminário Internacional Brasil-França: Política e Gestão Cultural – Olhares Cruzados, organizado pela Diretoria Internacional da Fundação Getúlio Vargas. Rio de Janeiro, 3-4 de maio de 2010.

da Cultura francês em 1959, portador de um projeto de difusão da cultura erudita ao conjunto da nação. Em certo momento, esse ministério decidiu criar um departamento para inspirar, promover, financiar e divulgar estudos socioeconômicos que oferecessem um retrato da paisagem cultural da nação, colaborando, ainda que indiretamente, para se refletir a respeito da política pública e seu impacto tanto sobre as condições de trabalho de artistas e demais profissionais como sobre o lugar da cultura no tempo de lazer o no dispêndio domiciliar. O Département des Études, de la Prospective et des Statistiques (DEPS) acabou sendo uma unidade de pesquisa que faz mediação entre a gestão governamental da cultura, o serviço de recenseamento e o mundo acadêmico, com o qual partilha ou ao qual transfere iniciativas de pesquisa. O DEPS define seu foco em cinco áreas transversais de pesquisa a que se dedica, revelando o quanto está enraizada a colaboração entre disciplinas distintas. São elas: *1.* dinâmica da cultura como mercado de trabalho e emprego; *2.* evolução das práticas culturais e de seus públicos, para se aferir o impacto da oferta sobre a procura, inclusive entre gerações; *3.* transmissão das hierarquias culturais: hábitos culturais e gostos; *4.* análise das indústrias culturais e dos mercados artísticos, levando em conta os imperativos da técnica e da internacionalização; *5.* análise da cultura como esfera de atividade de governo, incluindo as diretrizes de política, o financiamento direto dos vários níveis de governo, o suporte indireto por meio de incentivos e isenções fiscais, assim como dos mecanismos de regulação como cotas de tela, preço único do livro etc.

Ao longo do tempo, enquanto o DEPS se expandia e realizava, a intervalos regulares, levantamentos minuciosos acerca das práticas culturais dos franceses, uma nova especialização da ciência econômica emergia em universidades de países anglo-saxões: a economia da cultura, cuja referência inaugural data de 1966. Esse nicho de conhecimento se desenvolveu e se consolidou em um restrito número de nações com alto nível educacional e elevada renda *per capita*. Mais precisamente, no circuito de dezesseis países, que são: Estados Unidos, Canadá, Inglaterra, França, Itália, Espanha, Áustria, Alemanha, Holanda, Finlândia, Suécia, Dinamarca, Noruega, Japão, Austrália e Nova Zelândia.

Ao contrário dos modelos clássicos que pretendem explicar o comportamento da oferta e da procura de bens ordinários, como as *commodities* agrícolas e industriais, a economia da cultura, que lida com bens únicos, precisou sempre levar em conta o papel das instituições e das convenções, envolvendo o raciocínio econômico em pressupostos e em quadros de referência mais propriamente sociológicos e políticos. Foi assim que ela se constituiu em um núcleo de pensamento econômico articulado com as demais ciências sociais, a sociologia em particular. Mas um núcleo que mostrou, e ainda mostra, dificuldades em se expandir para outros países.

Em recente introdução de alto nível à economia da cultura se enunciam dez questões que por si definem o terreno da disciplina. O que determina o preço do ingresso de um *show* de música popular ou de uma ópera? Por que existe um *star system* nas artes? Por que muitos artistas são pobres? Por que Hollywood domina a indústria cinematográfica? Pode-se prever o sucesso de um filme ou de um disco? A gratuidade do ingresso em um museu atrai mais visitantes? Por que o governo subsidia as artes? Quanto o contribuinte está disposto a pagar para sustentar a proteção do patrimônio histórico? Que razões há para a existência de canais públicos de transmissão aberta de rádio e TV?[1] Certamente algumas dessas questões remetem a situações particulares de certos países, mas, em geral, representam dúvidas básicas que precisam ser encaminhadas em qualquer lugar. A título de provocação, pergunta-se: quais dessas questões podem ser encaminhadas dentro das atuais disponibilidades de informação? Quantas pessoas no Brasil são capazes de, raciocinando em termos de micro e de macroeconomia, dar respostas convincentes a essas questões? Quantas pessoas há que, conhecendo esses fundamentos econômicos, são capazes de definir diretrizes e justificar escolhas de gestão pública ou privada de cultura? Que projetos e programas de política cultural poderiam ser mais bem construídos com respostas prévias a essas questões?

Voltando à sociologia, lembre-se também que se trata de uma disciplina com marcada origem francesa, implantada no Brasil entre 1930 e 1970, junto com a filosofia e os estudos literários, em uma perspectiva de saber "desinteressado" numa época em que não se pensava muito em questões práticas de política pública. A universidade brasileira viu emergir logo a seguir o ensino de economia e de administração de negócios (sob influência norte-americana), assim como viu nascer, anos depois, já no final dos

1. Ver R. Towse, *A Textbook of Cultural Economics*, Cambridge, Cambridge University Press, 2010, p. 5.

anos 1960, o ramo da comunicação social. O que interessa aqui assinalar é que nem a sociologia, nem a economia (e a administração), nem a comunicação social, nas condições em que surgiram e se consolidaram no ensino superior brasileiro, abriram espaços favoráveis à pesquisa e discussão de questões de política e administração cultural. Eram "teóricos" demais, "desinteressados" demais ou "politicamente militantes" demais para cumprir tal finalidade.

Assim, foi só muito recentemente, já nos anos 1990, em clima neoliberal, que o termo "economia da cultura" começa a aparecer no Brasil, sendo, num primeiro momento, grosseiramente confundido com os cálculos de custo-benefício implícitos nas estratégias de patrocínio corporativo apoiadas no *marketing* cultural.

Só na década seguinte, já neste século, se concretizam as primeiras iniciativas do governo federal de sistematizar e publicar estatísticas de cultura, mobilizando seus órgãos de recenseamento e de pesquisa econômica, procurando ajustar-se às metodologias postuladas pelos órgãos da ONU para permitir comparações internacionais.

As demandas por estatísticas econômico-culturais surgem, pois, em função de um novo contexto e de novos atores: grandes corporações econômicas, em especial as estatais, interessadas em consolidar ações de patrocínio cultural; bancos de investimento, como o BNDES, interessado em aprofundar conhecimento para tornar mais compreensíveis cadeias produtivas em rápida e profunda transformação, como a do audiovisual, a fim de oferecer linhas de financiamento em favor de produtores brasileiros; agências públicas de fomento, como o Sebrae (Serviço de Apoio às Micro e Pequenas Empresas), tentando localizar e fomentar arranjos produtivos locais e encorajar o empreendedorismo entre artesãos, artistas e categorias similares de agentes; agências regulatórias, como a Ancine (Agência Nacional do Cinema), em sua missão de supervisão da política cinematográfica.

Como resultado, dispõe-se hoje no Brasil de séries estatísticas acerca de, entre outros, dispêndio familiar e equipamentos culturais domiciliares, gastos públicos em cultura, pessoal ocupado etc. Tudo muito incipiente, é verdade, sem possibilidade de se construir séries históricas por falta de dados passados. Mas, de todo modo, são precondições para uma reflexão sobre a cultura e a gestão cultural fundadas em sua dinâmica socioeconômica. E, por falar em reflexão, lembre-se também que hoje é disponível em português, publicação de 2007, a bem articulada obra introdutória de Françoise Benhamou: *A Economia da Cultura*[2].

Acontece que, no quadro de pressões e urgências posto pela globalização, novos apelos vêm se colocando para a gestão cultural pública nesta primeira década do século XXI. Premidos por entender e atuar sobre o novo cenário econômico e cultural desenhado pela internet, os governos precisam lidar com as implicações e consequências, sobretudo econômicas, da chamada convergência entre indústrias culturais, informática e comunicações[3].

Assim, antes mesmo de dispor de infraestrutura de dados suficiente e de pesquisadores capacitados a importar a economia da cultura disponível no Primeiro Mundo, e frutificá-lo em conhecimento útil ao país, o Brasil se vê diante de uma preocupante "mudança de paradigma". Hoje, é mais frequente falar-se de "economia criativa" do que de "economia da cultura". A distinção não é pura filigrana acadêmica ou recurso de retórica; antes constitui uma rearticulação de fundo em que alguns governos nacionais e órgãos ligados à ONU se lançam na defesa de novas metodologias de classificação e análise de fenômenos culturais, pensados segundo os rendimentos econômicos que possam propiciar[4]. São esforços que não conseguem esconder os interesses das grandes corporações da indústria cultural em cruzada contra a "pirataria", uma vez que o que interessa, nessa "economia criativa", é, no fundo e antes de tudo, aquilo que gera direitos autorais.

Se, como diz o título deste seminário, é preciso "cruzar olhares" e comparar as experiências francesa e brasileira em matéria de política e gestão cultural, é indispensável constatar que ambos os países, a despeito de todas suas diferenças, estão envolvidos nessa nova realidade em acelerada transformação. Será bom se o Brasil souber importar a socioeconomia da cultura que, por exemplo, o DEPS vem tão bem desenvolvendo, e tirar assim proveito do próprio conhecimento sociológico importado décadas atrás da própria França; será bom se conseguir implantar grupos de pesquisa em

2. Ver F. Benhamou, *A Economia da Cultura*, Cotia (SP), Ateliê Editorial, 2007.
3. Ver C. Bolaño, *Economia Política da Internet*, São Cristovão, Ed. UFS; Aracaju, Fundação Oviedo Teixeira, 2007; e C. Bolaño, C. Golin & V. Brittos (orgs.), *Economia da Arte e da Cultura*, São Paulo, Itaú Cultural; São Leopoldo, Cepos/Unisinos; Porto Alegre, PPGCOM/UFRGS; São Cristóvão, Obscom/UFS, 2010.
4. Ver UNCTAD, *Creative Economy*, Report 2008.

economia da cultura, inserindo o país no seleto grupo que até o momento partilha com exclusividade essa especialidade acadêmica. Será fundamental saber associar essa experiência e transmiti-la em programas consistentes de ensino e pesquisa em gestão cultural.

Mas um alerta precisa ser dado: não é possível esperar que espontaneamente o sistema universitário brasileiro responda a essas necessidades na urgência e na qualidade que merece. Só a inércia acadêmica pode explicar que, em um país que diploma trezentos mestres e cem doutores em economia por ano não exista ainda um só centro especializado em economia da cultura. Assim, cabe à gestão federal de cultura uma intervenção proativa nessa frente, identificando carências de qualificação e prioridades de conhecimento em socioeconomia e gestão cultural. Cabe-lhe propiciar às universidades atrativos e recursos necessários para oferecer cursos consistentes e bolsas de estudo suficientemente convidativas para interessar jovens diplomados em ciências econômicas a investir seu tempo e seu talento nessa nova especialidade.

Referências Bibliográficas

ADAMS, Dore *et al. Determinants of State Government Funding of the Arts in the United States*. New York, Wagner Graduate School of Public Service/New York University, 1996 (mimeo).

ARIAN, Edward. *The Unfulfilled Promise*. Philadelphia: Public Subsidy of the Arts in America, Temple University Press, 1989.

BARRÈRE, Christian & SANTAGATA, Walter. *La Mode. Une Économie de la Créativité et du Patrimoine, à L'Heure du Marché*. Paris, La Documentation Française, 2005.

BENHAMOU, Françoise. *A Economia da Cultura*. Cotia (SP), Ateliê Editorial, 2007.

BENNETT, O. "Cultural Policy in the United Kingdom: Collapsing Rationales and the End of a Tradition". *Cultural Policy*, vol. 1, n. 2, pp. 199-216, 1995.

BENSTOCK, Shari. *Femmes de la Rive Gauche. Paris, 1900-1940*. Paris, Éd. des Femmes, 1987.

BNDES (Banco Nacional do Desenvolvimento Econômico e Social). "Lançada Oficialmente a Feira Música Brasil 2007, Promovida pelo Ministério da Cultura e BNDES". 19 jan. 2007. Disponível em <www.bndes.gov.br/noticias/2007/not014_07.asp>. Acesso em: 29 jun. 2007.

BOLAÑO, Cesar. *Economia Política da Internet*. São Cristovão, Ed. UFS; Aracaju, Fundação Oviedo Teixeira, 2007.

BOLAÑO, C.; GOLIN, C. & BRITTOS, V. (orgs.). *Economia da Arte e da Cultura*. São Paulo, Itaú Cultural; São Leopoldo, Cepos/Unisinos; Porto Alegre, PPGCOM/UFRGS; São Cristóvão, Obscom/UFS, 2010.

BOLTANSKI, Luc & CHIAPELLO, Ève. *O Novo Espírito do Capitalismo*. São Paulo, WMF Martins Fontes, 2009 [ed. original francesa: 1999].

BOORSMA, P. B. *et al.* (eds.). *Privatization and Culture. Experiences in the Arts, Heritage and Cultural Industries in Europe*. Boston, Kluwer, 1998.

BOTELHO, Isaura. *Romance de Formação. A Funarte e a Política Cultural – 1976/1990*. Rio de Janeiro, MINC/Casa de Ruy Barbosa, 2001.

BOURDIEU, P. "O Mercado de Bens Simbólicos". *A Economia das Trocas Simbólicas*. São Paulo, Perspectiva, 1974.

BRADFORD, Gigi; GARY, Michael. & WALLACH, Glenn. (eds.). *The Politics of Culture. Policy Perspectives for Individuals, Institutions, and Communities*. New York, The New York Press, 2000.

BRASIL. Ministério da Cultura. *Minc, Cultura em Três Dimensões: As Políticas do Ministério da Cultura de 2003 a 2010*. Brasília, 2010 [Material informativo].

BRITTOS, Valério C. & BOLAÑO, C. *Rede Globo: 40 Anos de Poder e Hegemonia*. 2. ed., São Paulo, Paulus, 2005.

CACHIN, Marie-Françoise. "La Course aux Prix en Grande-Bretagne". *Liber – Revue Internationale des Livres*, n. 34, pp. 8-9, mars 1998.

CANCLINI, Néstor García. *Culturas Híbridas: Estrategias para Entrar y Salir de la Modernidad*. Consejo Nacional para la Cultura y las Artes/Grijalbo, Ciudad de México, 1990.

CANDIDO, Antonio. "Uma Visão Latino-americana". In: CHIAPPINI, Lígia L & AGUIAR, Flávio Wolf de (orgs.). *Literatura e História na América Latina*. São Paulo, Edusp, 1993, pp. 263-270.

CHIAPPINI, Lígia L. & AGUIAR, Flávio Wolf de (orgs.). *Literatura e História na América Latina*. São Paulo, Edusp, 1993.

COLBERT, François. *Le Marketing des Arts et de la Culture*. Boucherville, Québec, Gaëtan Morin, 1993.

CRANE, Diana. "Avant-garde Art and Social Change: The New York Art World and the Transformation of the Reward System, 1940-1980". In: MOULIN, Raymonde (éd.). *Sociologie de l'Art*. Paris, La Documentation Française, 1986.

CUMMINGS JR., M. & KATZ, Richard (eds.). *The Patron State: Government and the Arts in Europe, North America and Japan*. New York, Oxford University Press, 1987.

CUMMINGS JR., M. & SCHUSTER, J. Mark Davidson (eds.). *Who's to Pay for the Arts? The International Search for Models of Arts Support*. New York, American Council for the Arts, 1989.

DiMaggio, Paul. "Constructing an Organizational Field as a Professional Project: US Art Museums, 1920-1940". In: Powell, Walter W. & DiMaggio, Paul (eds.). *The New Institutionalism in Organizational Analysis*. Chicago, University of Chicago Press, 1991.

_____. "Social Structure, Institutions, and Cultural Goods: The Case of the United States". In: Bradford, G.; Gary, M. & Wallach, G. (eds.). *The Politics of Culture. Policy Perspectives for Individuals, Institutions, and Communities*. New York, The New York Press, 2000.

Donnat, Olivier. "Mídia e Publicidade: Novos Espaços de Consagração Cultural". *Les Français Face à la Culture*, Paris, La Découverte, 1994, pp. 140-150 (tradução de José Carlos Durand).

_____. & Cogneau, D. *Les Pratiques Culturelles des Français, 1973-1989*. Paris, La Découverte/La Documentation Française, 1990.

Durand, J. C. "A Delicada Fronteira entre Empresa e Cultura". In: Mendonça, Marcos (org.). *Lei de Incentivo à Cultura: uma Saída para a Arte*. São Paulo, Carthago & Forte, 1994, pp. 31-39.

_____. *Arte, Privilégio e Distinção – Artes Plásticas, Arquitetura e Classe Dirigente no Brasil, 1855/1985*. São Paulo, Perspectiva/Edusp, 1989 (col. Estudos, 108).

_____. "Business and Culture in Brazil". In: Martorella, Rosanne (ed.). *Business and Culture: an International Perspective on Sponsorship*. Westport, Connecticut, Praeger, 1996, pp. 65-80.

Earp, Fábio Sá & Kornis, George. *A Economia da Cadeia Produtiva do Livro*. Rio de Janeiro, BNDES, 2005.

Forjaz, M. C. *Cientistas e Militares no Desenvolvimento do CNPq (1950-1985)*. São Paulo, Idesp, 1988 (série História das Ciências Sociais, 4).

França. Ministère de la Culture. *Culture & medias 2030. Prospective de Politiques Culturelles*. Paris, 2011.

Gorgulho, Luciane F. *et al*. "A Economia da Cultura, o BNDES e o Desenvolvimento Sustentável". *BNDES Setorial*, n. 30, pp. 299-355, set. 2009. Disponível em: <www.bndes.gov.br/SiteBNDES/export/sites/default/bndes_pt/Galerias/Arquivos/conhecimento/bnset/set3007.pdf>. Acesso em: 29 mar. 2012.

Harvey, David. *A Condição Pós-moderna*. 5. ed. São Paulo, Loyola, 1992.

Heidenheimer, Arnold J. *et al*. (eds.). *Comparative Public Policy: the Politics of Social Choice in America, Europe and Japan*. 3. ed. New York, St. Martin's Press, 1990.

Herscovici, Alain. "Artes Cênicas: Análise Econômica, Modalidades de Financiamento e Novas Perspectivas na Era da Economia Digital". In: Bolaño, C.;

Golin, C. & Brittos, V. (orgs.). *Economia da Arte e da Cultura*. São Paulo, Itaú Cultural; São Leopoldo, Cepos/Unisinos; Porto Alegre, PPGCOM/UFRGS; São Cristóvão, Obscom/UFS, 2010.

Independent Sector. 2000. Giving and Volunteering in the United States. Findings from a National Survey Disponível em: <www.independentsector.org/giving_volunteering>. Acesso em: 11 abr. 2012.

Kawashima, Nobuko. "Comparing Cultural Policy: Towards the Development of Comparative Study". *Cultural Policy*, vol. 1, n. 2, pp. 289-307, 1995.

Kreidler, John. "Leverage Lost: Evolution in the Nonprofit Arts Ecosystem". In: Bradford, G.; Gary, M. & Wallach, G. (eds.). *The Politics of Culture. Policy Perspectives for Individuals, Institutions, and Communities*. New York, The New York Press, 2000.

Leitão, Sérgio Sá. "Deve-se Tratar a Economia da Cultura no País Pensando no seu Potencial não Realizado?". Entrevista concedida à revista eletrônica *Carta Maior*, 12 jun. 2007. Disponível em: <www.cartamaior.com.br/templates/materiaMostrar.cfm?materia_id...>. Acesso em: 14 abr. 2012.

Lima, Venício A. de. *Mídia: Crise Política e Poder no Brasil*. São Paulo, Fundação Perseu Abramo, 2006.

Lins, Cristina Pereira de C. *Indicadores Culturais: Possibilidades e Limites. As bases de dados do IBGE*. Disponível em: <www.cultura.gov.br>.

Lopes, M. Immacolata Vassallo. "Telenovela Brasileira: uma Narrativa sobre a Nação". *Revista Comunicação & Educação*, n. 26, jan.-abr. 2003.

Loureiro, Maria Rita. *Os Economistas no Governo: Gestão Econômica e Democracia*. Rio de Janeiro, FGV, 1997.

McCarthy, K. "Religion, Philanthropy, and Political Culture". In: Fullinwider, Robert K. (ed.). *Civil Society, Democracy, and Civic Renewal*. Lanham, Rowman & Littlefield Pub., 1999, pp. 297-315.

_____. *Twentieth-Century Cultural Patronage*. New York, The City University of New York/Center on Philanthropy and Civil Society, 1995 (Working Papers, 26).

Meenaghan, Tony. "Current Developments & Future Directions in Sponsorship". *International Journal of Advertising*, vol. 17, n. 1, pp. 3-28, 1998.

Miceli, S. "O Processo de 'Construção Institucional' na Área Cultural Federal (Anos 70)". *Estado e Cultura no Brasil*. São Paulo, Difel, 1984, pp. 53-84.

_____. "Teoria e Prática da Política Cultural Oficial no Brasil". In: *Estado e Cultura no Brasil*. São Paulo, Difel, 1984, pp. 97-112.

_____. & Gouveia, M. *Política Cultural Comparada*. Rio de Janeiro, Funarte; São Paulo, Idesp, 1985.

Miguez, Paulo. "Aspectos de Constituição do Campo de Estudos em Economia da Cultura". In: Cribari, Isabela (org.). *Economia da Cultura*. Recife, Fundação Joaquim Nabuco/Massangana, 2009.

Moulinier, Pierre. *Les Politiques Publiques de la Culture en France*. Paris, PUF, 1999 (col. Que sais-je?, 3427).

Moureau, Nathalie. "Approche Organisationnelle des Mondes de la Peinture Contemporaine: de la 'Bureaucratie Professionnelle' à 'l'Adhocratie' ". In: *Approches Comparatives en Économie de la Culture*. Paris, Université de Paris I/ InterGroupe de Recherche en Economie de la Culture, 1995, pp. 312-326.

Mulcahy, Kevin V. "American Cultural Patronage in Comparative Perspective". In: International Conference on Cultural Policy Research. Bergen (Noruega), 10-12 nov. 1999, vol. 1, pp. 174-182.

_____. "Cultural Patronage in Comparative Perspective: Public Support for the Arts in France, Germany, Norway, and Canada". *The Journal of Arts Management, Law, and Society*, Winter 1998.

Oricchio, Luiz Zanin. "A Crise da Crítica". *O Estado de S. Paulo*, Caderno 2, 3 dez. 2000.

Ostrower, Francie. *Why the Wealthy Give? The Culture of Elite Philanthropy*. Princeton, Princeton University Press, 1997.

Packard, Vance. *The Hidden Persuaders*. New York, McKay, 1957.

Pankratz, D. & Morris, V. (eds.). *The Future of the Arts. Public Policy and Arts Research*. New York, Praeger, 1990.

Renz, L. "The Role of Foundations in Funding the Arts". *The Journal of Arts Management, Law, and Society*, vol. 24, n. 1, pp. 57-66, 1994.

Renz, L.; Atlas, Caron & Kendzior, John. *Arts Funding 2000. Funder Perspectives on Current and Future Trends*. New York, The Foundation Center, 1999.

Ribeiro, Edgard Telles. *Diplomacia Cultural. Seu Papel na Política Externa Brasileira*. Brasília, Fundação Alexandre de Gusmão/Instituto de Pesquisa de Relações Internacionais (IPRI), 1989.

Riesman, David; Glazer, N. & Denney, R. *The Lonely Crowd*. New Haven, Yale University Press, 1950.

Rincón, Omar (org.). *Televisão Pública: do Consumidor ao Cidadão*. São Paulo, Friedrich Ebert Stiftung, 2002.

Rivas, Pierre. "Paris como Capital Literária da América Latina". In: Chiappini, Lígia L. & Aguiar, Flávio Wolf de (orgs.). *Literatura e História na América Latina.* São Paulo, Edusp, 1993, p. 100.

Robinson, J. P. & Godbey, G. *Time for Life. The Surprising Ways Americans Use their Time.* Pennsylvania, University Park, 1997.

Sarkovas, Yacoff. "Arte-empresa: Parceria Multiplicadora". In: Mendonça, Marcos (org.). *Lei de Incentivo à Cultura: uma Saída para a Arte.* São Paulo, Carthago & Forte, 1994.

Schuster, J. Mark Davidson. "Arguing for Government Support of the Arts: an American View". In: Robison, Olin *et al. The Arts in the World Economy. Public Policy and Private Philanthropy for a Global Cultural Community.* Hanover, Salzburg Seminar/University Press of New England, 1994.

Silva, Frederico A. Barbosa da. *Política Cultural no Brasil 2002-2006: Acompanhamento e Análise.* Brasília, Ipea, 2007 (col. Cadernos de Políticas Culturais, vol. 2 e 3).

Steiner, Philippe. *A Sociologia Econômica.* São Paulo, Atlas, 2006.

Teixeira Coelho. *Dicionário Crítico de Política Cultural.* São Paulo, Iluminuras; Fapesp, 1997.

Throsby, David. *The Economics of Cultural Policy.* Cambridge, Cambridge, University Press, 2010.

Towse, Ruth. *A Textbook of Cultural Economics.* Cambridge, Cambridge University Press, 2010.

Unctad (United Nations Conference on Trade and Development). *Creative Economy.* Report 2008.

Urfalino, Philippe. "Les Politiques Culturelles: Mécénat Caché et Académies Invisibles". *L'Année Sociologique*, vol. 39, pp. 81-109, 1989.

Verger, Annie. "L'Art d'Estimer l'Art. Comment Classer l'Incomparable?". *Actes de la Recherche en Sciences Sociales*, n. 66/67, pp. 105-121, mars 1987.

Volkerling, M. "Desconstructing the Difference-engine: a Theory of Cultural Policy". *Cultural Policy*, vol. 2, n. 2, pp. 189-212, 1996.

Weffort, F. & Souza, M. *Um Olhar sobre a Cultura Brasileira.* Rio de Janeiro, Funarte, 1998.

Yúdice, George. *A Conveniência da Cultura: Usos da Cultura na Era Global.* Belo Horizonte, Ed. ufmg, 2004.

_____. "The Privatization of Culture". Texto apresentado à University of Kansas, Lawrence, Nov. 1997.

Título	*Política Cultural e Economia da Cultura*
Autor	José Carlos Durand
Editor	Plinio Martins Filho
Produção Editorial	Aline Sato
Capa	Fabiana Soares Vieira (projeto)
	Nancynator, site sxc.hu (imagem)
Revisão	Gislaine Maria da Silva
	Plinio Martins Filho
Editoração Eletrônica	Fabiana Soares Vieira
Formato	16 x 23 cm
Tipologia	Minion Pro
Papel	Cartão Supremo 250 g/m² (capa)
	Chambril Avena 80 g/m² (miolo)
Número de Páginas	184
Impressão e Acabamento	Cromosete Gráfica e Editora